1001 expres
pour tout dire e

Jean-Philippe Rouillier

agrégé d'anglais

2e édition revue et corrigée

ellipses

ISBN 978-2-7298-2390-0

32, rue Bargue 75740 Paris cedex 15

www.editions-ellipses.fr

Table des matières

Préface

Si l'apprentissage de la grammaire est structuré, celui du lexique doit l'être aussi. C'est à partir de ce constat que cet ouvrage a été pensé et réalisé. Le vocabulaire a lui aussi sa logique propre, si l'on prend la peine de la décoder. Le groupe verbal, le groupe nominal et le groupe adjectival se déclinent en différentes catégories que l'on est mieux à même de comprendre et d'apprendre si l'on en fait un classement. Cette opération de repérage permet de clarifier le paysage et de cibler l'apprentissage. Dès lors, on saisit mieux le fonctionnement et l'utilisation de chaque groupe. Tel est le premier objectif poursuivi dans cet ouvrage.

Le second est de proposer un grand nombre d'expressions réunies selon un seul critère : leur fréquence dans la langue. À ce sujet, le contexte est essentiel, et il est fourni par le biais de situations basées sur la vie de tous les jours. L'exemple de *get* est assez éloquent. Les manuels le traduisent généralement par « obtenir » ce qui correspond à environ 10 % de son utilisation... Le reste du temps, le contexte en transforme le sens dans des expressions figées indispensables, mais rarement enseignées (*get dressed*, *ready*, *a job*, *fired*, etc.)

À travers cet exemple, on saisit mieux l'importance d'apprendre du lexique, et de l'apprendre intelligemment. Les expressions compilées dans ces pages se passent de commentaire : elles sont pour la plupart prêtes à l'emploi et permettront à l'élève et à l'étudiant de passer d'une

connaissance théorique de la langue à une maîtrise idiomatique réelle et authentique.
Le lecteur trouvera, selon ses besoins, les différentes utilisations de verbes, noms ou adjectifs courants, des paires verbales, nominales, et adjectivales ou encore les expressions incontournables de la conversation. Grâce à un travail suivi et motivé, il sera bientôt en mesure de constater lui-même ses progrès et de parler enfin un anglais courant et fluide.

I. Expressions verbales :
des verbes pour tout dire

Verbes courants en contexte

*30 verbes usuels (**go**, **get**, **make**, **do**...) utilisés dans des phrases courtes ou des expressions toutes faites de la vie de tous les jours. Chaque entrée permet de vérifier l'aspect polyvalent de ces verbes.*

be

Hi, what's up? *Salut, quoi d'neuf ?*

What's the matter? *Que se passe-t-il ?*

What's wrong with you? *Qu'est-ce qui t'arrive ?*

I'm hungry, I'm thirsty. *J'ai faim, j'ai soif.*

I'm cold, I'm hot. *J'ai froid, j'ai chaud.*

I was late. *J'étais en retard*

It's too late! *Il est trop tard.*

I was on time. *J'étais à l'heure.*

I'm right, wrong. *J'ai raison, j'ai tort.*

I'm in a good mood. *Je suis de bonne humeur.*

I'm in a bad mood. *Je suis de mauvaise humeur.*

How old is she? She's 17. *Quel âge a-t-elle ? Elle a 17 ans.*

I'm scared of (spiders). *J'ai peur (des araignées).*

It's over.	*C'est terminé.*
He is in love.	*Il est amoureux.*
I'm sure of it = I'm positive	*J'en suis sûr / sûr et certain.*
I'm full.	*Je n'ai plus faim.*
I'm in a hurry.	*Je suis pressé.*
"How are you?"	*Comment vas-tu ?*
"I'm okay".	*Ça va.*
You are lucky, you know…	*Tu as de la chance, tu sais…*
It's not my fault.	*Ce n'est pas ma faute !*
I'm tired of doing nothing!	*J'en ai marre de ne rien faire !*
I'm fed up with this dog!	*J'en ai marre de ce chien !*

have

They have breakfast at 7.	*Ils prennent leur petit-déjeuner à 7 h.*
I have lunch, dinner.	*Je déjeune, je dîne.*
I'll have a quick shower.	*Je vais prendre une petite douche.*
You can't have it both ways.	*On ne peut pas tout avoir.*
She's got a date tonight.	*Elle sort avec un garçon ce soir.*
I have an appointment (dentist).	*J'ai un RDV (dentiste).*
He had the flu.	*Il a eu la grippe.*
I think I have a temperature.	*Je crois que j'ai de la fièvre.*

They had a party last Saturday.	*Ils ont fait la fête samedi dernier.*
Let's have a drink!	*On boit un coup ?*
What are you having?	*Qu'est-ce que tu prends ?*
I'll have a coke.	*Je vais prendre un coca.*
I had a strange dream…	*J'ai fait un drôle de rêve…*
I have a strange feeling.	*J'ai un étrange pressentiment.*
Let's have a look!	*Jetons un coup d'œil !*
Have a nice week-end!	*Bon week-end !*
Let's have a break, I'm tired.	*Faisons une pause, je suis fatigué.*
Have fun!	*Amuse-toi bien !*

do

I do the dishes (the washing up).	*Je fais la vaisselle.*
Did you do the laundry?	*As-tu fait la lessive ?*
They did a good job.	*Ils ont fait du bon travail.*
This has nothing to do with you.	*Cela n'a rien à voir avec toi.*
You can do it yourself!	*Tu peux le faire tout seul.*
He does lots of sport.	*Il fait beaucoup de sport.*
Do me a favour, will you?	*Rends-moi un service, tu veux bien ?*
It will do me good.	*Cela me fera du bien.*
Don't do drugs!	*Touche pas à la drogue !*

I've done my homework.	*J'ai fait mes devoirs.*
I'll do my best.	*Je ferai de mon mieux.*
We did it!	*Nous avons réussi !*
How do you do?	*Enchanté !*
What do you do for a living?	*Que faites-vous dans la vie ?*
Don't do that, it's not allowed!	*Ne fais pas ça, c'est interdit!*
How do you do?	*Enchanté !*
How are you doing? (US)	*Comment ça va ?*
Do as I say, don't do as I do.	*Faites ce que je dis, pas ce que je fais.*
There's nothing I can do about it.	*Je n'y peux rien.*
That'll do.	*Ça ira.*

make

Make your bed, will you?	*Tu veux bien faire ton lit ?*
I made a mistake.	*J'ai fait une erreur.*
I'll make a cake.	*Je vais faire un gâteau.*
Let's make a fire!	*Faisons un feu !*
Make war / peace.	*Faire la guerre / la paix.*
His phone call really made my day.	*Son coup de fil m'a fait très plaisir.*
They were made for each other.	*Ils étaient faits l'un pour l'autre.*

It made me happy.	*Cela m'a rendu heureux.*
She made me laugh / cry.	*Elle m'a fait rire / pleurer.*
She makes me think of my sister.	*Elle me rappelle ma sœur.*
They made fun of me.	*Ils se sont moqués de moi.*
I had to make excuses.	*J'ai dû m'excuser.*
He made friends with us.	*Nous sommes devenus amis.*
We must make up for lost time.	*Nous devons rattraper le temps perdu.*
It doesn't make sense!	*Ça n'a pas de sens !*
He made up a story…	*Il a inventé une histoire…*
Don't worry, I'll make sure of it.	*T'en fais pas, je m'en assurerai.*
Don't worry, we'll make do.	*T'en fais pas, on se débrouillera.*

get

It's getting cold.	*Il commence à faire froid.*
It's getting late.	*Il se fait tard.*
I'm getting old / tired.	*Je commence à vieillir / à fatiguer.*
It's getting better!	*Ça s'améliore !*
Can I get you anything?	*Désirez-vous prendre quelque chose ?*
He got into trouble.	*Il a eu des ennuis.*
Don't get excited!	*Ne t'énerve pas !*

I got (un)dressed.	*Je me suis (dés)habillé.*
He got arrested / killed.	*Il s'est fait arrêter / tuer.*
They got married / divorced.	*Ils se sont mariés. / Ils ont divorcé.*
He got himself a wife.	*Il s'est trouvé une femme.*
You should try to get a job.	*Tu devrais essayer de trouver du travail.*
Get me the paper, will you?	*Apporte-moi le journal, tu veux ?*
I got a great present.	*J'ai eu un beau cadeau.*
Let's get started!	*Commençons !*
They got lost.	*Ils se sont perdus.*
Get lost!	*Va t'en !*
Get out of here!	*Sors d'ici !*
Let's get going!	*Allons-y !*
He got mad at me.	*Il s'est mis en colère contre moi.*

feel

I feel good.	*Je me sens bien.*
Do you feel any better?	*Tu te sens mieux ?*
I don't feel well.	*Je ne me sens pas bien.*
I feel like sleeping.	*J'ai envie de dormir.*
I feel sleepy.	*J'ai sommeil.*
I feel a bit hungry.	*J'ai une petite faim.*

I feel like a sandwich.	*J'ai envie d'un sandwich.*
I feel sorry for her.	*Je suis désolé pour elle.*
I feel bad about him.	*Je m'en veux à son sujet.*
I feel guilty.	*Je me sens coupable.*
It makes me feel good / bad.	*Ça me met à l'aise / mal à l'aise.*
I feel terrible.	*Je ne me sens pas bien du tout.*
I feel like a ghost.	*Je me sens complètement KO.*
I feel funny.	*Je me sens bizarre.*
I felt really stupid.	*Je me suis vraiment senti bête.*
I feel for you!	*Je compatis !*
How do you feel?	*Comment tu te sens ?*

give

Give me five!	*Tope là !*
Give me a break!	*Arrête tes histoires !*
Give it a try!	*Essaie au moins !*
I don't give a damn!	*Je m'en fiche pas mal !*
Give me a second chance.	*Donne-moi une deuxième chance.*
Don't give up!	*N'abandonne pas !*
It gave us a good laugh!	*Ça nous a bien fait rire !*
It gave me a shock.	*Ça m'a fait un choc.*
I give in.	*Je donne ma langue au chat.*

Give it to me!	*Donne-moi ça !*
Don't give me that!	*Tu n'espères pas me berner ainsi !*
Give me a clue…	*Donne-moi un indice…*
I'll give you a call.	*Je te passerai un coup de fil.*
Give my love to…	*Embrasse… de ma part.*
Give my regards to…	*Mes amitiés à…*
She gave me her cold.	*Elle m'a passé son rhume.*
I'll give him the message.	*Je lui ferai la commission.*
She gave me a present.	*Elle m'a offert un cadeau.*

take

Take it or leave it!	*À prendre ou à laisser !*
Don't take me for an idiot!	*Tu me prends pour un imbécile ?*
He won't take "No!" for an answer!	*Il est têtu comme une mule !*
Take my word for it.	*Tu peux me croire sur parole.*
Take it easy, man!	*Cool, mec !*
Take your time…	*Prends ton temps…*
You should take a break.	*Tu devrais te reposer.*
Take me to the doctor's.	*Emmène-moi chez le médecin.*
He takes after his father.	*Il ressemble à son père.*
Take care!	*Prends soin de toi.*

He took the dog out.	*Il a sorti le chien.*
She took driving lessons.	*Elle a pris des leçons de conduite.*
Will he take part in the game?	*Participera-t-il au jeu ?*
He takes everything for granted.	*Il prend tout pour un dû.*
It takes an hour to get there.	*Il faut une heure pour y aller.*
He took it too seriously.	*Il a pris la chose trop au sérieux.*

go

Your turn, go ahead!	*C'est à toi, vas-y !*
She went to bed early.	*Elle s'est couchée tôt.*
I'm tired, I'm going home.	*Je suis fatigué, je rentre.*
He goes to the office at 8.	*Il va au bureau à 8 heures.*
They often go on strike.	*Ils font souvent la grève.*
He's going on a diet.	*Il fait un régime.*
When are you going on holiday?	*Quand pars-tu en vacances ?*
Let's go for a walk.	*Allons nous promener.*
Let's go and play tennis!	*Si on faisait un tennis ?!*
I'm going to / gonna call him.	*Je vais lui passer un coup de fil.*
Don't go without me!	*Ne partez pas sans moi !*
Don't go crazy for him!	*Ne t'emballe pas pour lui !*
Ready? Steady? Go!	*À vos marques ? Prêts ? Partez !*
Don't go too fast!	*Ne va pas trop vite !*

Let's go swimming!	*Si on allait à la piscine ?!*
Here we go again!	*Ça recommence !*
I go running / surfing.	*Je fais du jogging, du surf.*
I went skiing.	*Je suis allé faire du ski.*

let

Let's go!	*Allons-y !*
Let's see!	*Voyons voir ! / Voyons !*
Don't let me go, I need you!	*Ne me quitte pas, j'ai besoin de toi !*
Let's get out of here, I'm tired!	*Partons d'ici, je suis fatigué.*
Let me go too!	*Je veux y aller aussi !*
I won't let you!	*Et tu crois que je vais te laisser faire !*
Flat / apartment to let.	*Appartement à louer.*
He let the cat out of the bag.	*Il a vendu la mèche.*
Let me in! Let me out!	*Laissez-moi entrer / sortir !*
Who let you in here?	*Qui vous a laissé entrer ici ?*
Let's have a look!	*Jetons un coup d'œil !*
Let the cat out, will you?	*Fais sortir le chat, s'il te plaît.*
Let me know when you are ready.	*Préviens-moi quand tu seras prêt.*
Let me ask you a question…	*Laissez-moi vous poser une question...*

Let me tell you something...	*Laissez-moi vous dire une chose...*
Let go of that wallet!	*Lâche ce porte monnaie !*
I won't let you down.	*Je ne te laisserai pas tomber.*

say

She said yes / no.	*Elle a dit oui / non.*
They say he's rich.	*On dit qu'il est riche.*
Let's go, what do you say?	*Allons-y, qu'en dis-tu ?*
Say... / I say...	*Dis-moi... / Dites...*
As I said before...	*Comme je l'ai déjà dit...*
Easier said than done...	*C'est facile à dire...*
Didn't I say so?	*C'est ce que je disais.*
Say what? = Pardon?	*Quoi ? = Pardon ?*
Wait! Say no more!	*Attendez ! N'en dites pas plus !*

tell

It's hard to tell.	*C'est difficile à dire.*
There's no telling.	*C'est impossible à dire.*
He told us the truth.	*Il nous a dit la vérité.*
Tell me, what's the matter?	*Dis-moi, que se passe-t-il ?*
How can I tell?	*Comment dire ?*
Who can tell?	*Qui sait ?*

You never can tell...	*On ne sait jamais...*
I told you!	*Je te l'avais bien dit.*
Do as you are told!	*Fais ce qu'on te dit !*
Grandpa, tell me a story!	*Papy, raconte-moi une histoire !*

talk

Don't talk nonsense!	*Ne dis pas n'importe quoi.*
Don't talk to me like that!	*Ne me parle pas sur ce ton !*
Don't talk back to me!	*Ne me réponds pas comme ça !*
What are you talking about?	*De quoi tu parles ?*
Let's talk business!	*Parlons affaires !*
We are talking $ 1 million.	*Ça va chercher dans les 1 million de dollars.*
I know what I'm talking about!	*Je sais ce que je dis !*
You can talk!	*Tu peux parler !*
(Nom) It's all big talk!	*Que de la frime !*
Don't talk too loud!	*Ne parle pas trop fort !*

hear

I won't hear of it!	*C'est hors de question !*
Did you hear the news?	*Tu as appris la nouvelle ?*
Will you hear me?!	*Tu vas m'écouter, à la fin ?!*
I've never heard of it.	*Je n'en ai jamais entendu parler.*

A noise was heard.	*On entendit un bruit.*
Can you hear me?	*Tu m'entends ?*
That's what I heard.	*C'est ce que j'ai compris.*

look

She looks like her sister.	*Elle ressemble à sa sœur.*
It looks like rain.	*On dirait qu'il pleut.*
He looks in good shape.	*Il a l'air en forme.*
It doesn't look good.	*Ça ne me dit rien qui vaille.*
He looked her in the eyes.	*Il la regarda droit dans les yeux.*
What are you looking for?	*Que cherches-tu ?*
She looks happy / sad.	*Elle a l'air heureuse / triste.*
He looked up / down.	*Il leva / baissa les yeux.*
Come on, look around you!	*Ouvre un peu les yeux !*

see

Let's see…	*Voyons voir…*
I'll see you home.	*Je te raccompagne.*
What's the matter?	*Que se passe-t-il ?*
Can't you see?	*Tu ne vois pas ?*
Go and see what he wants.	*Va voir ce qu'il veut.*
He wants to see life.	*Il veut voir le monde.*
I'll see him tonight.	*Je le vois ce soir.*

We'll see...	*On verra...*
See you later!	*À plus tard !*
See you next week!	*À la semaine prochaine !*
I'll see what I can do.	*Je vais voir ce que je peux faire.*

sound

How does it sound?	*Qu'est-ce que tu en dis ?*
You certainly sound tired.	*Tu parais bien fatigué.*
Sounds good to me!	*Ça me paraît bien.*
Sounds exciting!	*Ça a l'air super !*
I don't like the sound of it...	*Ça ne me dit rien qui vaille...*
He sounds American.	*À l'entendre, il doit être Américain.*
She came in without a sound.	*Elle est entrée sans faire de bruit.*
I heard the sound of voices.	*J'ai entendu un bruit de voix.*
(Adv.) She was sound asleep.	*Elle dormait à poings fermés.*

smell

It smells good / bad.	*Ça sent bon / mauvais.*
Smell that!	*Sentez-moi ça !*
I smell danger...	*Je sens un danger...*
(nom) What a smell in here!	*Quelle odeur là-dedans !*

His shoes smell.	*Ses chaussures sentent mauvais.*
It smells dreadful!	*Ça pue !*
It smells of onions.	*Cela sent les oignons.*
That deal smells a bit.	*C'est une affaire louche.*

keep

She can't keep a secret.	*Elle ne sait pas garder un secret.*
I hope we'll keep in touch.	*J'espère que nous resterons en contact.*
He kept us waiting.	*Il nous a fait attendre.*
Keep off the grass.	*Pelouses interdites.*
Keep on trying!	*Continue ! Essaie encore !*
Don't stop! Keep going!	*Ne t'arrête pas ! Continue !*
Keep the change!	*Gardez la monnaie !*
I mustn't keep you.	*Je ne veux pas vous retarder.*
Keep me posted!	*Tenez-moi au courant !*

hold

(tel.) Hold on! / the line!	*(tél.) Restez en ligne !*
Hold it! Hold it!	*Une seconde !*
Where did you get a hold of that?	*Où as-tu donc trouvé ça ?*
Hold on to this for me.	*Gardez-moi ça une seconde.*

I'll hold it for you.	*Je vous le mets de côté.*
The police held him back.	*La police l'a retenu.*
She held the baby.	*Elle tenait le bébé.*
He caught hold of her.	*Il a réussi à la joindre.*
I hold to what I said.	*Je m'en tiens à ce que j'ai dit.*

put

I put him to work at once.	*Je l'ai mis au travail immédiatement.*
They put him in a taxi.	*Ils l'ont mis dans un taxi.*
He's put on weight.	*Il a pris du poids.*
Put it back!	*Remets-ça en place !*
Put your hands in the air!	*Les mains en l'air !*
Put yourself in my place!	*Mets-toi à ma place !*
(Adv.) Stay put.	*Ne bouge pas d'ici !*
How shall I put it?	*Comment dirais-je ?*
Let's put it this way...	*Pour dire les choses ainsi...*
She put me in a bad mood.	*Elle m'a mis de mauvaise humeur.*

push

Push / Pull	*Pousser / Tirer*
She must be pushing 40.	*Elle doit avoir la quarantaine.*
She pushed the door open.	*Elle a ouvert la porte.*
Hey, don't push me!	*Hé, ne me pousse pas !*
He pushes himself hard.	*Il est exigeant avec lui-même.*
Don't push him too hard.	*Ne lui en demande pas trop.*
I was pushed into this.	*On m'a forcé la main.*

walk

I really walked into it!	*J'ai vraiment mis les pieds dans le plat !*
Don't walk on the grass.	*Pelouses interdites.*
You can't walk out now!	*Ce n'est pas le moment de laisser tomber !*
He likes walking to the office.	*Il aime bien aller au bureau à pieds.*
She was walking her dog.	*Elle promenait son chien.*
He walked her to her car.	*Il l'a accompagnée jusqu'à sa voiture.*
He was walking up and down.	*Il faisait les cent pas.*
Let's go for a walk.	*Allons nous promener.*

run

Run for your lives!	*Sauve qui peut !*
He ran away.	*Il s'est échappé / enfui.*
He runs his own business.	*Il dirige une entreprise.*
I ran into her last night.	*Je l'ai croisée hier soir.*
They ran out of petrol.	*Ils sont tombés en panne d'essence.*
(nom) A criminal on the run	*Un criminel en cavale*
We're running late!	*On est en retard !*

turn

Turn round!	*Retourne-toi !*
They didn't turn up.	*Ils ne sont pas venus.*
He's just turned 17.	*Il vient d'avoir 17 ans.*
They turned back and left.	*Ils ont fait demi-tour et sont partis.*
It turned out quite well.	*Ça s'est très bien passé.*
As it turned bad, I left.	*Comme la situation dégénérait, je suis parti.*
Turn on / off the radio!	*Allume / Éteins la radio !*
They turned to me for advice.	*Ils sont venus me demander conseil.*

come

Come in!	*Entrez !*
Come on in, you're welcome!	*Entrez donc ! Soyez les bienvenus !*
Come and see!	*Viens / venez voir !*
They came home at 6.	*Ils sont rentrés à 6h.*
I'll come back soon.	*Je rentre bientôt.*
My dreams came true.	*Mes rêves se sont réalisés.*
He came to understand the truth.	*Il a fini par comprendre la vérité.*
"John!" – "Coming!"	*« John ! – J'arrive ! »*
Come on, be nice!	*Allez, sois sympa !*

work

I hope this works.	*J'espère que ça va marcher.*
It just won't work.	*Ça ne marchera pas.*
This machine is not working.	*Cettte machine ne marche pas.*
(nom) a workaholic	*un accro du boulot*
(nom) He's out of work.	*Il est au chômage.*
This is hard work!	*C'est dur ! / C'est du boulot !*
You'd better work hard!	*Tu as intérêt à travailler !*

I'll work it if I can.	*J'essaierai de m'arranger.*
Work now, you'll rest later!	*Travaille maintenant, tu te reposeras plus tard.*

call

I'll call on you.	*Je passerai te voir.*
What's he called again?	*Comment s'appelle-t-il déjà ?*
I'm tired, let's call it a day!	*Je suis fatigué, arrêtons-nous là !*
Are you calling me a liar?	*Tu me traites de menteur, hein ?*
I'll call you at 8.	*Je t'appelle à 8 h.*
I'll call round in the morning.	*Je passerai dans la matinée.*
Thank you, call again.	*Merci, revenez nous voir.*
He called for help.	*Il a appelé à l'aide.*

stay

Are you staying for dinner?	*Vous restez dîner ?*
Stay here!= Stay put!	*Reste là, ne bouge pas !*
I'm here and here I stay.	*J'y suis, j'y reste.*
Stay tuned! This is Radio N° 1.	*Restez à l'écoute, vous êtes sur radio N° 1.*
Don't stay up too late.	*Ne te couche pas trop tard.*
They stayed out all night.	*Ils ont passé une nuit blanche.*

He stayed (at) home all day.	*Il est resté chez lui toute la journée.*
They stayed in a cheap hotel.	*Ils sont descendus dans un petit hôtel.*

pay

They paid me a visit.	*Ils m'ont rendu visite.*
His job pays well.	*Son travail est bien payé.*
They paid for the drinks and left.	*Ils ont payé les boissons et sont partis.*
Crime doesn't pay.	*Le crime ne paie pas.*
It doesn't pay to tell lies.	*Ça ne sert à rien de mentir.*
On pay day	*Le jour de paie*
I get paid on Saturdays.	*Je suis payé le samedi.*
I'll pay for you, if you like.	*Je paie ta part, si tu veux.*
You'll pay for this!	*Tu me le paieras !*

Phrases brèves associant un nom et un verbe

Un grand nombre de verbes correspondent à un usage bien particulier et fonctionnent souvent en binôme avec le même nom (ex : ***heave a sigh*** *: pousser un soupir).*

He forced a smile.	*Il se força à sourire.*
She heaved a sigh.	*Elle poussa un soupir.*
He clenched his fists.	*Il serra les poings.*
She shivered with fever.	*Elle tremblait de fièvre.*
He (dis)obeyed orders.	*Il a (dés)obéi aux ordres.*
Don't beat around the bush!	*Ne tourne pas autour du pot !*
They came back to square one.	*Ils sont revenus à la case départ.*
They believe in God.	*Ils croient en Dieu.*
He lost his temper.	*Il s'est mis en colère.*
He slammed the door.	*Il a claqué la porte.*
She slapped my face.	*Elle m'a giflé.*
I called for help.	*J'ai appelé à l'aide.*
He sent for the doctor.	*Il a envoyé chercher le médecin.*
Run for your life!	*Sauve qui peut !*

She walks with a limp.	*Elle boite.*
He walked the dog.	*Il a promené le chien.*
They're rehearsing a play.	*Ils répètent une pièce.*
Don't interfere with my plans!	*Ne te mêle pas de mes affaires !*
Mind your own business!	*Occupe-toi de tes oignons !*
Pay attention!	*Fais attention !*
He apologized for his mistake.	*Il s'est excusé pour son erreur.*
She learnt it by heart.	*Elle l'a appris par cœur.*
They discovered the truth.	*Ils ont découvert la vérité.*
He told a lie.	*Il a menti.*
He said thank you / hello / goodbye.	*Il a dit merci / bonjour / au revoir.*
He hurt her feelings.	*Il l'a vexée.*
She burst into tears.	*Elle a éclaté en sanglots.*
He signed an autograph.	*Il a signé un autographe.*
She's writing out a cheque.	*Elle signe un chèque.*
He committed suicide.	*Il s'est suicidé.*
They denied responsibility.	*Ils ont nié toute responsabilité.*
Keep off the grass.	*Pelouses interdites.*
She's lying in the sun.	*Elle se fait bronzer.*
He applied for the job.	*Il a postulé pour cet emploi.*
He was caught red handed.	*Il a été pris la main dans le sac.*

She threw / kicked the ball.	*Elle a lancé / tiré dans la balle.*
The press revealed a scandal.	*La presse a révélé un scandale.*
They declared war.	*Ils ont déclaré la guerre.*
She fell in love.	*Elle est tombée amoureuse.*
He whispered in my ear.	*Il a murmuré à mon oreille.*
Don't give up the fight!	*Continue à te battre !*
He works overtime.	*Il fait des heures sup.*
She washed her face.	*Elle s'est lavé le visage.*
He escaped by the skin of his teeth.	*Il l'a échappé belle.*
He blew his nose.	*Il s'est mouché.*
He stuck his hands in his pockets.	*Il a mis les mains dans les poches.*
They shook hands.	*Ils se sont serré la main.*
He stepped on my foot.	*Il m'a marché sur le pied.*
They ran up the stairs.	*Ils ont grimpé l'escalier quatre à quatre.*
He often flies British Airways.	*Il part souvent avec British Airways.*
He gulped down his meal.	*Il a dévoré / englouti son repas.*
That taught us a lesson.	*Cela nous a donné une leçon.*
She pretended to listen.	*Elle faisait semblant d'écouter.*
He paid cash.	*Il a payé en liquide.*

She paid for the drinks.	*Elle a payé les consommations.*
I can't catch my breath.	*Je n'arrive pas à reprendre mon souffle.*
He rides horses.	*Il monte à cheval.*
Switch on the light!	*Allume la lumière !*
Turn off the TV!	*Éteins la télévision !*
Watch the step!	*Attention à la marche !*
He's cutting the grass.	*Il est en train de tondre.*
He's mowing the lawn.	*Il est en train de tondre.*
I waited for hours.	*J'ai attendu des heures.*
He wished us luck.	*Il nous a souhaité bonne chance.*
She laid the table.	*Elle a mis la table.*
He cooked dinner.	*Il a préparé le dîner.*
He baked a cake.	*Il a fait un gâteau.*
She rolled the dice.	*Elle a lancé les dés.*
They played a game.	*Ils ont fait un jeu.*
He squatted on his heels.	*Il s'est accroupi sur les talons.*
She locked the door.	*Elle a fermé la porte à clé.*
They watched a film.	*Ils ont regardé un film.*
He writes poetry.	*Il écrit des poèmes.*
He borrowed some money.	*Il a emprunté de l'argent.*

We attended a concert.	*Nous sommes allés à un concert.*
She shed a tear.	*Elle a versé une larme.*
He booked a seat.	*Il a réservé une place.*
She overheard the conversation.	*Elle a surpris la conversation.*
He runs a company.	*Il est chef d'entreprise.*
He scored a goal.	*Il a marqué un but.*
She broke her record.	*Elle a battu son record.*
He set a new record.	*Il a établi un nouveau record.*
He dedicated his life to the poor.	*Il a consacré sa vie aux pauvres.*
They cancelled the meeting.	*Ils ont annulé la réunion.*
Deal the cards!	*Distribue les cartes !*
They entered the room.	*Ils sont entrés dans la pièce.*
He proved his innocence.	*Il a prouvé son innocence.*
He expressed his discontent.	*Il a fait part de son mécontentement.*
She looked me in the eyes.	*Elle m'a regardé droit dans les yeux.*
She wants to quit her job.	*Elle veut donner sa démission.*
I sense danger.	*Je sens un danger.*
He pulled the trigger.	*Il pressa la gachette.*
Pack your bags!	*Fais tes valises !*

Did you feed the cat? *As-tu donné à manger au chat ?*

She dived headfirst. *Elle a plongé la tête la première.*

He delivers milk. *Il est livreur de lait.*

The wind blows. *Le vent souffle.*

He wants to join the army. *Il veut s'engager.*

Pass me the salt, please. *Passe-moi le sel, s'il te plaît.*

We must face the truth. *Nous devons voir les choses en face.*

They finally reached a compromise. *Ils ont fini par trouver un compromis.*

Violent storms wreaked havoc on the coast. *De violents orages ont causé de graves dégâts sur la côte.*

Verbes prépositionnels en contexte

L'essentiel des verbes prépositionnels utilisés dans des phrases brèves correspondant à des situations usuelles.

be

What is it about?	*Ça parle de quoi ?*
It's about...	*C'est au sujet de...*
The police are after him.	*La police est à ses trousses.*
They're at home.	*Ils sont chez eux.*
What's that for?	*À quoi ça sert ?*
She's not in at the moment.	*Elle n'est pas là pour le moment.*
We're playing poker. Are you in?	*Nous jouons au poker. Tu veux jouer ?*
The T.V's on / off.	*La télé est allumée / éteinte.*
I'm off. See you later!	*J'y vais ! À plus tard !*
He's out. He'll be back around 10.	*Il est sorti. Il rentre vers 10 h.*
I'm out of here!	*Je me sauve !*
He's out of luck, poor boy!	*Il n'a pas de chance, le pauvre !*
The island was out of reach.	*L'île était hors d'atteinte.*

It's over now.	*C'est fini maintenant.*
John, are you up?	*John, tu es levé ?*

do

There's nothing I can do about it.	*Je n'y peux rien.*
What can I do for you?	*Que puis-je pour vous ?*
What have I done with my keys?	*Qu'est-ce que j'ai fait de mes clés ?*
It has nothing to do with you.	*Ça n'a rien à voir avec toi.*

get

Get out of here!	*Va-t-en !*
Get up!	*Lève-toi ! / Debout !*
Get away from me!	*Laisse-moi tranquille !*
I'll get by.	*Je me débrouillerai.*
He got off / on the bus.	*Il descendit / monta dans le bus.*

go

Go ahead, don't wait for me.	*Allez-y, ne m'attendez pas.*
Go away!	*Va-t-en !*
Let's go back.	*Faisons demi-tour !*
We'll go by plane.	*Nous irons en avion.*

Go down the street and turn left. — *Va au bout de la rue et tourne à gauchc.*

Sales are going up / down. — *Les ventes augmentent / baissent.*

Off we go! — *C'est parti ! / On y va !*

Go on, I'm listening. — *Continue, je t'écoute.*

It went on and on for hours. — *Cela a duré des heures et des heures.*

The car went round the corner. — *La voiture a tourné au coin de la rue.*

I'm going to the US. — *Je vais aux États-Unis.*

They went uphill / downhill. — *Ils ont monté / descendu la côte.*

Go for it! — *Vas-y !*

look

Look out! — *Attention !*

She looks after her children. — *Elle s'occupe de ses enfants.*

Look around you. — *Regarde autour de toi.*

Look at this! — *Regarde un peu !*

What are you looking for? — *Qu'est-ce que tu cherches ?*

I'm looking forward to hearing from you. — *Je suis impatient de recevoir de vos nouvelles.*

She looked out of the window. — *Elle regarda par la fenêtre.*

He looked up and saw an eagle. — *Il leva la tête et vit un aigle.*

Don't look down, it's dangerous!	*Ne regarde pas en bas, c'est dangereux !*

think

I think of you.	*Je pense à toi.*
Think about it.	*Penses-y.*
What do you think of him?	*Que penses-tu de lui ?*

make

He made for the door.	*Il se dirigea vers la porte.*
a house made of bricks	*une maison en briques*
It is made out of recycled paper.	*C'est fait avec du papier recyclé.*
He made up a lousy excuse.	*Il a fabriqué une excuse bidon.*
She's making up in her room.	*Elle se maquille dans sa chambre.*
She's always making up stories.	*Elle raconte tout le temps des histoires.*
We'll have to make up for lost time.	*Nous devrons rattraper le temps perdu.*

Emplois de prépositions avec un verbe

Le choix de la préposition qui introduit un complément n'est pas toujours évident. En voici des exemples courants.

after

He takes after his father.	*Il commence à ressembler à son père.*

around

He hangs around with Tim these days.	*Il traîne avec Tim ces temps-ci.*

at

Don't shout at me! It's not my fault!	*Ne me dispute pas ! Ce n'est pas ma faute !*
He smiled at her.	*Il lui sourit.*
I hate being stared at.	*Je déteste que l'on me fixe du regard.*

away

He walked away without a word.	*Il s'en alla sans dire un mot.*

down

I'll lie down for a few minutes.	*Je vais m'allonger quelques instants.*
Slow down! This road is a bit tricky.	*Ralentis ! Cette route est un peu dangereuse.*
Calm down, it's just a game after all!	*Du calme ! Ce n'est qu'un jeu après tout !*
I won't let you down!	*Je ne te laisserai pas tomber.*

for

Wait for me!	*Attendez-moi !*
I can't wait for the holidays!	*Vivement les vacances !*
They called for help.	*Ils ont appelé à l'aide.*
I don't really care for what he said.	*Cela m'est bien égal, ce qu'il a dit.*
Don't worry, I'll pay for everything.	*Ne t'en fais pas, je paierai la note.*
We sent for the doctor.	*Nous avons appelé le médecin.*

in

Do you believe in God?	*Croyez-vous en Dieu ?*
Don't give in to hatred.	*Ne te laisse pas aller à la haine.*

into

She burst into tears.	*Elle éclata en sanglots.*

of

He dreams of becoming an explorer.	*Il rêve de devenir explorateur.*
No way! This is undreamed of!	*C'est pas vrai ! On aura tout vu !*
Never heard of it.	*Jamais entendu parler.*

off

The guy is always showing off.	*Ce type passe son temps à frimer.*
The plane took off and rose in the sky.	*L'avion décolla et s'éleva dans le ciel.*
He took off his clothes and dived.	*Il ôta ses vêtements et plongea.*

on

You can count / rely on me.	*Tu peux compter sur moi.*
(on the phone) Hang on! He's coming!	*(tél.) Une seconde ! Il arrive !*
He put on his shirt.	*Il mit sa chemise.*
Do you get on well with her?	*Est-ce que tu t'entends bien avec elle ?*

out

He was locked out / in.	*Il était bloqué dehors / enfermé.*
They found out who he really was…	*Ils ont découvert qui il était réellement…*
Watch out!	*Attention !*
She sent out a letter to her friends.	*Elle a envoyé une lettre à ses amis.*

out of

He dropped out of school.	*Il a laissé tomber l'école.*

to

Did you speak to her?	*Tu lui as parlé ?*
Talk to me!	*Parle-moi !*

up

Hi! What's up?	*Salut, quoi d'neuf ?*
Speak up, I can't hear you!	*Parle plus fort, je ne t'entends pas !*
Don't give up!	*N'abandonne pas !*
I'll pick you up at 5.	*Je passe te prendre à 5 h.*
Don't worry about me, I'll catch up with you.	*Ne t'en fais pas pour moi, je te rattraperai.*
They ended up in jail…	*Ils ont fini en prison…*

Listen up! This is important! *Écoutez bien ! C'est important !*

Stand up for your rights! *Il faut que tu te battes !*

He's warming up by the fire. *Il se réchauffe près du feu.*

Verbes reliés par *and*

Verbes fonctionnant en binôme avec un autre verbe. Ils sont ici proposés dans des phrases brèves (ex : ***Go and get me the paper, will you?*** *: Va me chercher le journal, tu veux bien ?).*

He can read and write. *Il sait lire et écrire.*

One must give and take. *Il faut faire des concessions.*

Come out and play with us! *Viens jouer dehors avec nous !*

Come and see! *Viens voir !*

Sit back and relax! *Installe-toi et détends-toi !*

You can't just sit back and do nothing! *Tu ne peux pas rester là à ne rien faire !*

Don't just sit and stare like that! *Ne reste pas là à ne rien faire !*

Sit back and listen to this! *Écoute bien ce que je vais te dire !*

Don't drink and drive! *Boire ou conduire, il faut choisir.*

We laughed and laughed.	*Nous avons beaucoup ri.*
You must try and try again.	*Il ne faut pas que tu abandonnes.*
They cried and cried.	*Ils ont beaucoup pleuré.*
We waited and waited.	*Nous avons attendu très longtemps.*
He walked and walked for hours.	*Il a marché pendant des heures.*
It rained and rained for days.	*Il a plu des jours entiers.*
They paid and left.	*Ils ont payé avant de s'en aller.*
You live and learn.	*On a tous à apprendre.*
Live and let live.	*Il faut vivre et laisser vivre.*
We just have to wait and see.	*Le mieux, c'est d'attendre.*
He was born and raised in Italy.	*Il est né et a été élevé en Italie.*
She lived and died in Paris.	*Elle a vécu et est morte à Paris.*
He died and was buried in New York.	*Il est mort et a été enterré à New York.*
Stop and think about what I told you.	*Réfléchis bien à ce que je t'ai dit.*
Try and be nice, will you?	*Essaie d'être gentil, d'accord ?*
Try and come.	*Essaie de venir.*
a hit-and-run driver	*un chauffard*
I need to sleep and rest.	*J'ai besoin de repos.*
show and tell	*la leçon de choses*

He buys and sells cars.	*Il a un commerce de voitures.*
They were arrested and sent to prison…	*Ils ont été arrêtés et emprisonnés…*
… then judged and tried for murder.	*… puis jugés et condamnés pour meurtre.*
People come and go…	*Les gens vont et viennent…*
the rise and fall of an empire	*grandeur et décadence d'un empire*
Rise and shine!	*Debout là-dedans ! / Allez, lève-toi !*
Go and get me the paper, will you?	*Va me chercher le journal, tu veux bien ?*
Go and shut the door, please.	*Va fermer la porte, s'il te plaît.*
Don't go and say I didn't warn you!	*Ne vas pas dire que tu n'étais pas prévenu !*
I'll go and check.	*Je vais aller vérifier / voir.*
The issue was touch and go until the last minute.	*Le résultat a été incertain jusqu'à la fin.*
Get up and go!	*Debout, en route !*
What he did was hit-and-miss.	*Il a fait comme il a pu.*
Don't pick and choose!	*Ne sois pas difficile !*
You can't have your cake and eat it!	*On ne peut pas avoir le beurre et l'argent du beurre.*
Children play hide-and-seek.	*Les enfants jouent à cache-cache.*

Eat, drink and be merry!	*Mangez, buvez et amusez-vous !*
Look and take good note!	*Regarde attentivement !*
We'll sing and dance.	*On chantera et on dansera.*
I hope and pray that he succeeds.	*J'espère de tout mon cœur qu'il réussira.*
Forgive and forget.	*Il faut oublier et pardonner.*
Get out and don't come back!	*Va-t-en et ne reviens pas !*

II. Expressions nominales et adjectivales : pour enrichir l'écrit et l'oral

Usage de deux noms

*Deux noms sont regroupés pour former une entité nouvelle (ex : **a police car** : une voiture de police ; **a movie star** : une star du cinéma...).*

a road sign — *un panneau de signalisation*

a car wash — *une station de lavage*

a plane crash — *un accident d'avion*

a cook book — *un livre de cuisine*

a train station — *une gare*

a police station — *un commissariat*

summer time — *l'été*

at dinner time — *au dîner*

a birthday party — *une fête d'anniversaire*

a wedding present — *un cadeau de mariage*

bird-watching — *l'ornithologie*

Christmas pudding — *le pudding de Noël*

a Valentine card — *une carte pour la St-Valentin*

the school uniform — *l'uniforme de l'école*

a jazz band / brass band — *un orchestre de jazz / une fanfare*

a phone call	*un coup de fil*
a guide book / dog	*un guide de tourisme / chien d'aveugle*
the rain fall	*les précipitations*
the weather forecast	*les prévisions météo*
the town hall	*la mairie*
peace talks	*des pourparlers de paix*
a theatre lover	*un amateur de théâtre*
a cell phone	*un téléphone mobile*
the phone bill	*la facture du téléphone*
an oil spill	*une marée noire*
a match box / the letter box	*une boîte d'allumettes / aux lettres*
(péj.) a boot boy	*un skinhead*
a bookmark / bookworm	*un marque-page*
a brain box	*un cerveau (une personne douée)*
the car industry	*l'industrie automobile*
the milkman man	*le laitier*
a garden gnome / angel	*un nain de jardin*
my guardian angel	*mon ange gardien*
a dairy farm / chicken farm	*une exploitation laitière / un élevage de volaille*

on graduation day	*le jour de la remise des diplômes*
a bookworm	*un lecteur assidu*
sun cream / suntan	*de la crème solaire / le bronzage*
a sun resort	*une station balnéaire*
a tennis court	*un court de tennis*
a beauty parlour	*un salon de beauté*
a football game	*un match de foot*
colour pictures	*des photos couleur*
a primary school teacher	*une institutrice*
a long distance runner	*un coureur de fond*
at the bus stop	*à l'arrêt de bus*
an insurance office	*un cabinet d'assurance*
a war film / horror film	*un film de guerre / d'horreur*
World War I, II	*la 1re / 2e Guerre mondiale*
a road map	*une carte routière*
a business trip	*un voyage d'affaires*
a dishwasher	*un lave-vaisselle*
a shop window	*une vitrine (magasin)*
the football field	*le terrain de football*
a job offer	*une offre d'emploi*
a rescue team	*une équipe de sauvetage*

an art gallery	*une galerie d'art*
a vegetable garden	*un jardin potager*
food poisoning	*intoxication alimentaire*
riot police	*la police anti-émeute*
a chain smoker	*un gros fumeur*
the speed limit	*la vitesse limite*
stage fright	*le trac*
my room mate	*mon compagnon de chambre*
the ozone layer	*la couche d'ozone*
the parish priest	*le prêtre de la paroisse*
a gold mine	*une mine d'or*
a silver watch	*une montre en argent*
a summer job	*un travail d'été*
a radio listener	*un auditeur*
a TV series / TV room	*une série télé / salle télé*
life sentence	*la prison à vie*
death penalty / death row	*la peine de mort / les couloirs de la mort*
a travel agency	*une agence de voyage*
a pet shop	*une animalerie*
a pencil case	*une trousse (pour l'école)*
the rain forest	*la forêt équatoriale*

a golf player	*un joueur de golf*
a pub owner	*un propriétaire de pub*
a street thief	*un voleur à l'étalage*
street people	*les sans-abri*
the downtown area	*le centre ville*
junk mail	*les prospectus*
a shop keeper	*un commerçant*
the fitness craze	*la mode du body-building*
the groundfloor flat	*l'appartement du RDC*
window shopping	*du lèche-vitrines*
water skiing	*le ski nautique*
a problem child	*un enfant caractériel*
pocket money	*de l'argent de poche*
a beer drinker	*un buveur de bière*
on market days	*les jours de marché*
a snow man	*un bonhomme de neige*
drug addict / dealer / traffic	*un drogué / dealer / le trafic de drogue*
a cattle farm	*un élevage de bovins*
Saturday night fever	*la fièvre du samedi soir*
a traffic jam	*un embouteillage*
taxi / bus / lorry driver	*chauffeur de bus / de taxi / de poids lourd*

a number plate — *une plaque d'immatriculation*

toilet paper — *du papier toilette*

the movie industry / star — *l'industrie / une star du cinéma*

a luxury hotel / product — *un hôtel de luxe / produit de luxe*

sunglasses / fieldglasses — *des lunettes de soleil / des jumelles*

Noms reliés par *of*

Pour mettre en valeur un aspect particulier d'un nom (quantité ou qualité) (ex : ***hundreds of cars*** *: des centaines de voitures ;* ***a girl of eleven*** *: une fille de onze ans...).*

Quantité

a bucket of water — *un seau d'eau*

a glass of milk — *un verre de lait*

a cup of tea — *une tasse de thé*

a keg of beer — *un cubit de bière*

a gallon of petrol — *un gallon (4 l) d'essence*

a piece of cake — *un morceau de gâteau*

a pair of shoes	*une paire de chaussures*
a couple of days / years	*deux ou trois jours / ans*
a bag of chips	*un cornet de frites*
a group of men	*un groupe d'hommes*
a herd of cows	*un troupeau de vaches*
tens of houses	*des dizaines de maisons*
dozens of books	*un grand nombre de livres*
scores of people	*des centaines de personnes*
a lot of strikes	*beaucoup de grèves*
a large sum of money	*une grosse somme d'argent*
loads of miners	*des tas de mineurs*
hundreds of cars	*des centaines de voitures*
thousands of animals	*des milliers d'animaux*
millions of dollars	*des millions de dollars*
a small circle of friends	*un petit groupe d'amis*
a series of incidents	*une série d'incidents*
a whole list of people	*toute une liste de gens*
an ocean of doubt	*une mer d'incertitude*

Qualité

every kind of people	*toutes sortes de gens*
a kind of magic	*un tour de magie*

a sort of bird — *une sorte d'oiseau*

in the middle of the road / night — *au milieu de la route / nuit*

a leader of men — *un meneur d'hommes*

peace of mind — *l'esprit en paix*

The War of the Worlds — *La Guerre des Mondes*

the cost of living — *le coût de la vie*

a man of courage — *un homme de courage*

a girl of eleven — *une fille de 11 ans*

a question of honour — *une question d'honneur*

the Prince of Wales — *le Prince de Galles*

the city of London — *la ville de Londres*

the Mayor of Paris — *le maire de Paris*

the Prime Minister of England — *le Premier ministre de l'Angleterre*

the President of the USA — *le président des USA*

a painting of the Queen — *un portrait de la reine*

the coast of Norway — *la côte de la Norvège*

the hero of the day — *le héros du jour*

a pool of blood — *une flaque de sang*

the cause of his failure — *la cause de son échec*

a story of courage — *une histoire de courage*

information of no importance — *des informations sans importance*

a discovery of great importance	*une découverte importante*
my word of honour	*ma parole d'honneur*
the crime of the century	*le crime du siècle*
a work of fiction	*une œuvre de fiction*
an author of short stories	*un auteur de nouvelles*
a tale of the sea	*une histoire de marins*
the triumph of moral	*le triomphe de la morale*
the power of love	*le pouvoir de l'amour*
love of money	*l'amour de l'argent*
the universe of movie stars	*le monde des stars du cinéma*
the world of science-fiction	*le monde de la science-fiction*
the dangers of smoking	*les dangers du tabac*
the beginning of the end	*le début de la fin*
the end of the world	*la fin du monde*
at the turn of the century	*au début du siècle*
the law of the jungle	*la loi de la jungle*
the success of the expedition	*le succès de l'expédition*
the cry of a bird	*un cri d'oiseau*
a yell of pain	*un cri de douleur*
That's the story of my life.	*C'est toute ma vie.*
in the name of love	*au nom de l'amour*
an act of faith	*un acte de foi*

n every corner of the house	*partout dans la maison*
the killing of JFK	*le meurtre de JFK*
a change of address	*un changement d'adresse*
t type of music do you like?	*Quel genre de musique aimes-tu ?*
a crime of passion	*un crime passionnel*
the Garden of Eden	*le jardin d'Eden*
with the passing of time…	*avec le temps…*
the making of a film	*la réalisation d'un film*
the writings of J.London	*les écrits de J. London*
a guest of honour	*un invité d'honneur*
s description of the scene	*la façon dont il a décrit la scène*
the joys of skiing	*les joies du ski*
the pleasures of summer	*les plaisirs de l'été*
freedom of speech	*la liberté de parole*
a letter of support	*une lettre de soutien*
in a state of panic	*dans un état de panique*
the State of Oregon	*l'État d'Oregon*
under the influence of alcohol	*sous l'influence de l'alcool*
at the end of the day	*à la fin de la journée*
on the first of the month	*le premier du mois*
the daily struggle of life	*la lutte quotidienne pour la vie*

There's a 50% chance of rain. *Il y a une chance sur deux pour qu'il pleuve.*

a sign of the times *un signe des temps*

the parts of the body *les parties du corps*

at the beginning of the story *au début de l'histoire*

She was given custody of the child. *On lui a donné la garde de l'enfant.*

fear of heights / the dark *le vertige / la peur du noir*

a feeling of joy *un sentiment de joie*

a game of cards *une partie de cartes*

the sense of smell *l'odorat*

a jack-of-all-trades *un homme à tout faire*

Noms reliés par *and*

*Noms fonctionnant en binôme avec un autre nom et reliés par **and**. Cet usage est omniprésent avec des expressions comme **salt and pepper** (du sel et du poivre)...*

name and address *nom et adresse*

room and board *le toit et le couvert (nourri, logé)*

a bed and breakfast	*un bed and breakfast*
bread and butter	*du pain et du beurre*
fish and chips	*du poisson et des frites*
salt and pepper	*du sel et du poivre*
food and drinks	*à manger et à boire*
husband and wife	*mari et femme*
man and woman	*homme et femme*
boys and girls	*garçons et filles*
father and son	*père et fils*
the living and the dead	*les vivants et les morts*
dancing and singing	*des chants et des danses*
gambling and drinking	*des jeux et de l'alcool*
the beginning and the end	*le début et la fin*
questions and answers	*questions - réponses*
pen and paper	*un crayon et du papier*
winners and losers	*gagnants et perdants*
in his hat and coat	*habillé pour sortir*
of concrete and steel	*de béton et d'acier*
law and order	*la loi et l'ordre*
fame and fortune	*la gloire et la fortune*
power and glory	*le pouvoir et la gloire*

It costs time and money.	*Ça prend du temps et de l'argent.*
night and day	*nuit et jour*
an ear, nose and throat specialist	*un ORL*
war and peace	*guerre et paix*
at the heart and core of the debate	*au cœur du débat*
a love and hate relationship	*une relation faite d'amour et de haine*
time and space	*le temps et l'espace*
He is part and parcel of the team.	*Il fait partie intégrante de l'équipe.*
with love and care	*avec soin et amour*
My hands and feet were cold.	*J'avais froid aux mains et aux pieds.*
Love and kisses (letter)	*Grosses bises (lettre)*
a blood and thunder novel	*un roman à sensation*
a cloak and dagger story	*un roman de cape et d'épée*
blood and tears	*du sang et des larmes*
back and front	*le devant et le derrière*
silver and gold	*l'argent et l'or*
track and field athletics	*l'athlétisme*
in this day and age...	*à l'époque que nous vivons...*

crime and punishment	*crime et châtiment*
a matter of life and death	*une question de vie ou de mort*
cause and effect	*cause et effet*
fact and fiction	*fiction et réalité*
past and future	*le passé et l'avenir*
over land and sea	*au delà des mers*
miles and miles away	*à des kilomètres de là…*
odds and ends	*des petits morceaux, des petits bouts*
in bits and pieces	*en miettes / en morceaux*

Cas possessifs fréquents

Même si la construction du cas possessif dépend fortement du contexte, on peut identifier un grand nombre de cas qui sont passés dans la langue comme tels (ex : ***a baker's dozen*** *: treize à la douzaine ;* ***a bird's eye view*** *: à vol d'oiseau…).*

in today's society	*dans la société actuelle*
today's young people	*les jeunes d'aujourd'hui*
today's special	*le plat du jour*

yesterday's paper	*le journal d'hier*
last week's bomb attacks	*les attentats de la semaine dernière*
in five years' time	*dans 5 ans*
a 10 minutes' walk	*une promenade de 10 minutes*
a three hours' delay	*un retard de trois heures*
a day's rest	*une journée de repos*
You need a good night's sleep.	*Tu as besoin d'une bonne nuit de sommeil.*
a two weeks' holiday	*deux semaines de vacances*
New Year's day	*le jour de l'An*
St Patrick's day	*la Saint-Patrick*
the world's largest city	*la plus grande ville du monde*
Her Majesty's government	*le gouvernement britannique*
the government's policy	*la politique du gouvernement*
taxpayers' money	*l'argent des contribuables*
the party's MPs	*les députés du parti*
the voters' decision	*la décision des électeurs*
the Queen's English	*l'anglais académique*
the chef's advice	*les conseils du chef (cuisinier)*
It's a dog's life!	*Quelle vie de chien !*
the People's Republic of China	*la République populaire de Chine*

France's PM	*le Premier ministre français*
the president's adviser	*le conseiller présidentiel*
an analyst's predictions	*les prévisions d'un analyste*
the EU's stability	*la stabilité de l'Union*
Season's greetings.	*Joyeux Noël et bonne année !*
men's / women's clothes	*vêtements pour hommes / femmes*
the men's / women's room	*toilettes pour hommes / femmes*
It was within arm's reach.	*C'était à portée de la main.*
at arm's length	*à bout de bras*
He took the lion's share.	*Il s'est taillé la part du lion.*
at the water's edge	*au bord de l'eau*
It's child's play.	*C'est un jeu d'enfant.*
a baker's dozen	*treize à la douzaine*
the doctor's advice	*les conseils du médecin*
I'm going to the dentist's.	*Je vais chez le dentiste.*
England's victory / loss	*la victoire / défaite de l'Angleterre*
the BBC's coverage of the event	*la couverture de la BBC*
It must be somebody's fault!	*Cela doit bien être la faute de quelqu'un !*
the team's fair play	*le fair-play de l'équipe*
He ate to his heart's content.	*Il a mangé tout son content.*

For heaven's sake! *Pour l'amour du ciel !*

He was at death's door. *Il était à l'article de la mort.*

a bird's-eye view *une vue aérienne*

beginner's luck *la chance des débutants*

in King George's day *au temps du roi George*

St Paul's cathedral *la cathédrale Saint-Paul*

Noms prépositionnels

Ils sont composés d'un nom et d'une préposition accolés (ex : ***a check up*** *: un bilan ;* ***a carry on*** *: un bagage à main).*

I hate doing the washing up. *Je déteste faire la vaisselle.*

an overview *une vue d'ensemble*

her new make up *son nouveau maquillage*

an inmate *un détenu*

an outlaw *un hors-la-loi*

my in-laws *ma belle-famille*

a crackdown campaign *une campagne de répression*

See overleaf. *Voir au verso.*

the bypass	*le périphérique*
nuclear fall-out	*des retombées nucléaires*
a runaway	*un prisonnier en cavale*
the underdog	*le perdant*
the underground	*le métro*
at takeoff	*au décollage*
before check in	*avant l'enregistrement (des bagages)*
a carry on	*un bagage à main*
a stop over	*une escale*
He had a hangover.	*Il avait la gueule de bois.*
a medical check up	*un bilan de santé*
the layout of the place	*la disposition des lieux*
high incomes	*des revenus élevés*
a real breakthrough	*une véritable découverte*
at the outbreak of war	*au début de la guerre*
the Australian outback	*le bush australien*
Showing-off is silly.	*C'est idiot de frimer.*
an offspring	*un rejeton*
Thanks for the input.	*Merci pour l'information.*
an update	*une mise à jour*
The play was a sell-out.	*La pièce s'est jouée à guichets fermés.*

downtown New York	*le centre ville de New York*
onlookers	*des curieux*
passers-by	*des passants*
an offside	*un hors-jeu*
at kick-off	*au coup d'envoi*
a touchdown	*un essai*
He does push ups / pull ups.	*Il fait des pompes / tractions.*
during warm up	*pendant le tour de chauffe*
It was a pushover.	*C'était un jeu d'enfant.*
It's a rip off!	*C'est du vol !*
There's been a cover up.	*L'affaire a été étouffée.*
There was backup for the project.	*Il y a eu du soutien pour le projet.*
a by-product	*un produit dérivé*
He works overtime.	*Il fait des heures sup.*
the shutdown of the factory	*la fermeture de l'usine*
a showdown with the unions	*une épreuve de force avec les syndicats*
underwear	*des sous-vêtements*
the downside of capitalism	*les inconvénients du capitalisme*
It's a bit of an overkill!	*C'est un peu exagéré !*
a strict upbringing	*une éducation stricte*
a surprising outcome	*un résultat surprenant*

Usage fréquent d'un adjectif et d'un nom

*Ces paires correspondent à des binômes très fréquents (***a social worker** *: un travailleur social ;* **dramatic measures** *: des mesures spectaculaires...).*

the Middle ages	*le Moyen Âge*
a direct train	*un (train) direct*
racial violence	*la violence raciale*
recurrent troubles	*des problèmes fréquents*
an odd / even number	*un nombre pair / impair*
on several occasions	*à plusieurs reprises*
the capital sentence	*la peine de mort*
a nervous breakdown	*une dépression nerveuse*
the early / the late 80s	*le début / la fin des années 80*
a first-aid kit	*une trousse de premier secours*
miserable weather	*un temps de chien*
the real world	*le monde du travail*
high / low incomes	*des revenus élevés / modestes*
primary / secondary school	*l'école primaire / secondaire*
high technology	*la haute technologie*

general headquarters	*le quartier général*
extreme poverty	*l'extrême pauvreté*
a quick shower	*une petite douche*
a fast car	*une voiture puissante*
the fast lane	*la file de gauche*
life in the fast lane	*la vie à cent à l'heure*
a dead end	*un cul-de-sac*
extra hours	*des heures sup*
a lucky strike	*un coup de chance*
Merry Xmas	*Joyeux Noël*
a faithful friend	*un ami fidèle*
an impressive building	*un bâtiment impressionnant*
the main street	*la rue principale*
the good / bad guy	*le bon / le méchant*
spicy food	*des aliments épicés*
an economic crisis	*une crise économique*
free parking	*parking gratuit*
a remote control	*une télécommande*
the Holy Bible	*la Sainte Bible*
acid rain	*des pluies acides*
rainy / stormy weather	*un temps / pluvieux / orageux*
recent products	*des produits récents*

a sensible person *une personne sensée*

the North / South pole *le pôle Nord / Sud*

higher education *les études supérieures*

a logical decision *une décision logique*

worn-out socks *des chaussettes usées*

a quiet morning *un matin calme*

a friendly atmosphere *une ambiance amicale*

a hectic day *une journée trépidante*

with overall majority *à une écrasante majorité*

a political party *un parti politique*

a serious offer *une offre sérieuse*

a medical treatment *un traitement médical*

good / bad health *en bonne / mauvaise santé*

a mental hospital *un hôpital psychiatrique*

the former government *le gouvernement précédent*

a critical situation *une situation critique*

the Prime Minister *le Premier ministre*

foreign countries *pays étrangers*

a secret agent *un agent secret*

a social worker *une assistante sociale*

the latest news *les dernières nouvelles*

the latest film *le dernier film (en date)*

Shakespeare's last play	*la dernière (ultime) pièce de Shakespeare*
the US Civil War	*la guerre de Sécession*
a widespread disease	*une maladie répandue*
heavy financial loss	*de lourdes pertes financières*
solar energy	*l'énergie solaire*
a foolish remark	*une remarque stupide*
competitive prices	*des prix concurrentiels*
Western / Eastern Europe	*l'Europe de l'Ouest / l'Est*
the Middle East	*le Moyen-Orient*
the Far East	*l'Extrême-Orient*
in the good old days	*dans le bon vieux temps*
the big bad wolf	*le grand méchant loup*
a(n) (il)legitimate child	*un enfant (il)légitime*
a wise / an unwise decision	*une décision sage / insensée*
a weekly magazine	*un hebdomadaire*
a daily paper	*un quotidien*
a false tooth	*une fausse dent*
useful advice	*de précieux conseils*
a message of the utmost importance	*un message de la plus haute importance*
unusual behaviour	*un comportement inhabituel*
the legal heir to the throne	*l'héritier légal au trône*

an incredible event	*un événement incroyable*
an illegal alien	*un étranger en situation irrégulière*
a terrible disaster	*un terrible désastre*
domestic appliances	*des appareils ménagers*
a deadly attack	*une attaque mortelle*
brand-new shoes	*des chaussures toutes neuves*
frozen yoghurt	*de la glace au yaourt*
a treacherous road	*une route pleine de dangers*
useless efforts	*des efforts inutiles*
a warm smile	*un sourire chaleureux*
with a gentle smile	*avec un sourire plein de douceur*
a dangerous convict	*un dangereux détenu*
a warm bath	*un bain chaud*
We had a good laugh.	*Nous avons bien ri.*
a peaceful atmosphere	*une ambiance paisible*
a helpless child	*un enfant démuni*
a hopeless cause	*une cause désespérée*
the final countdown	*le compte à rebours final*
a guilty conscience	*une conscience rongée par le remords*
an outrageous article	*un article scandaleux*

a misty morning *un matin brumeux*

specific needs *des besoins bien précis*

Usage fréquent d'une forme en -*ing* et d'un nom

Qu'elles soient verbales ou nominales, les formes ***-ing*** *se retrouvent dans un grand nombre d'expressions (****jogging pants*** *: pantalon de survêtement,* ***drinking water*** *: eau potable...).*

-ing = nom verbal

jogging pants *un survêtement*

boxing gloves *des gants de boxe*

within walking distance *que l'on peut faire à pieds*

a skiing instructor *un moniteur de ski*

a swimming lesson *un leçon de natation*

running shoes *des chaussures de sport*

a walking path *un sentier de randonnée*

a building site *un chantier*

my mailing address *mon adresse (postale)*

closing time *l'heure de fermeture*

a sleeping pill *un somnifère*

opening hours *heures d'ouverture*

a guessing game *une devinette*

working days *jours ouvrables*

a hiding place *une cachette*

her wedding present *son cadeau de mariage*

a training period *un stage*

shaving lotion *de la mousse à raser*

a washing machine *une machine à laver*

the firing squad *le peloton d'exécution*

a bathing costume *un maillot de bain*

the betting shop *le PMU*

a brainstorming session *une mise en commun des idées*

a boarding school *un internat*

the body-building craze *la tendance muscu*

-ing = adj. verbal

boiling water *eau bouillante*

drinking water *eau potable*

at the cutting edge *à la pointe du progrès*

in the pouring rain *sous une pluie battante*

under a blazing sun	*sous un soleil de plomb*
freezing temperatures	*des température polaires*
a helping hand	*un coup de main*
He is the laughing stock of...	*Il est la risée de...*
encouraging results	*des résultats encourageants*
a winning number	*un numéro gagnant*
a surprising outcome	*un résultat surprenant*
a paying guest	*un hôte payant*
a bouncing baby	*un bébé en pleine forme*
a winding path	*un chemin tortueux*
fattening food	*des aliments qui font grossir*
law-abiding citizens	*des citoyens respectueux des lois*
an English-speaking country	*un pays anglophone*
an amazing story	*une histoire étonnante*
alarming news	*des nouvelles alarmantes*
a fascinating experience	*une expérience passionnante*
a changing world	*un monde qui change*
growing fear	*une peur grandissante*
the never-ending story	*l'histoire sans fin*
exciting news	*de très bonnes nouvelles*
the following day	*le lendemain*

Usage fréquent d'un adjectif en *-ed* et d'un nom

*La terminaison **-ed** s'applique à de nombreux adjectifs qui se construisent avec des noms pour former des expressions usuelles (**fried chicken** : poulet rôti...).*

barbed wire	*du fil barbelé*
a limited edition	*une édition limitée*
armed robbery	*un vol à main armée*
skilled workers	*des ouvrier qualifiés*
grated cheese	*fromage râpé*
fried chicken	*poulet rôti*
scrambled eggs	*œufs brouillés*
estimated results	*une estimation de résultats*
shattered illusions	*illusions perdues*
recycled paper	*du papier recyclé*
unleaded petrol	*de l'essence sans plomb*
guaranteed prices	*prix garantis*
a renovated farm	*une ferme restaurée*
unexpected success	*un succès inespéré*
a well-deserved rest	*un repos bien mérité*
a well-decorated room	*une pièce bien décorée*

a well-mannered child	*un enfant bien élevé*
an experienced teacher	*un professeur expérimenté*
educated youth	*les jeunes diplômés*
an excited audience	*un public conquis*
imported goods	*marchandises importées*
honoured citizen	*un citoyen d'honneur*
neglected work	*du travail négligé*
reported missing	*porté disparu*
a married couple	*un couple marié*
satisfied customers	*des clients satisfaits*
a good / bad-tempered man	*un homme qui a bon / mauvais caractère*
the mounted police	*la police montée*
an ill-advised remark	*une remarque déplacée*
a guided tour	*une visite guidée*
smoked salmon	*du saumon fumé*
a respected statesman	*un homme d'État respecté*
a justified decision	*une décision justifiée*
a well-led campaign	*une campagne bien menée*
poisoned food	*aliments empoisonnés*
a sponsored walk	*une marche pour une œuvre de bienfaisance*
a spoiled holiday	*des vacances gâchées*

a stuffed animal	*une peluche*
a self- (un)employed person	*une personne à son compte / au chômage*
developed countries	*les pays développés*
a determined candidate	*un candidat déterminé*
with a concerned look	*avec un regard inquiet*
a surprised look	*un regard surpris*
a delayed flight	*un vol retardé*
expected delay	*le retard attendu*
an abducted child	*un enfant que l'on a enlevé*
a forced / arranged marriage	*un mariage forcé / arrangé*
an abandoned car	*une voiture abandonnée*
a self-assured student	*un étudiant sûr de soi*
a haunted castle	*un château hanté*

Adjectifs composés en contexte

*Cette rubrique est divisée en 6 sous-parties. Chaque entrée est accompagnée d'un nom ou d'un verbe pour en préciser l'usage (ex : **It was pitch-dark** : Il faisait nuit noire.)*

Nom associé à un adverbe ou un adjectif en *-ing*

law-abiding citizens	*des citoyens respectueux des lois*
a troublemaking pupil	*un élève perturbateur*
the back-breaking toil of the mine	*le travail harassant de la mine*
a bloodcurdling thriller	*un thriller à vous glacer le sang*
a home-loving person	*une personne casanière*
the ever-changing world of trade	*le monde sans cesse changeant du commerce*
the never-ending story	*l'histoire sans fin*
everlasting gratitude	*une reconnaissance éternelle*
an English-speaking person	*un anglophone*
a good-looking actress	*une belle actrice*
a fast-running horse	*un cheval rapide*

a prize-winning book	*un livre primé*
a quick-selling novel	*un roman qui se vend comme des petits pains*
a heart-breaking story	*une histoire déchirante*
heart-rending cries	*des cris déchirants*
a hair-raising adventure	*une aventure terrifiante*
an easy-going student	*un étudiant facile à vivre*
long-lasting results	*des résultats qui durent*
a sad-looking girl	*une fille à l'air triste*
a fast-talking salesman	*un vendeur qui parle vite*
a money-making business	*une entreprise lucrative*
ill- / bad-smelling clothes	*des vêtements qui sentent mauvais*
a time-saving device	*un procédé qui permet de gagner du temps*
a hardworking student	*une étudiante travailleuse*
a high-paying job	*un travail bien payé*

Nom associé à un adverbe ou un adjectif en -*ed*

the star-spangled banner	*la bannière étoilée*
home-made jam	*de la confiture maison*
home-baked bread	*du pain fait maison*

hand-decorated pottery	*poterie décorée à la main*
a machine-washable pullover	*un pull lavable en machine*
a man-made lake	*un lac artificiel*
a semi-detached house	*une maison mitoyenne*
a custom-built swimming-pool	*une piscine faite sur mesure*
a purpose-built stadium	*un stade construit pour l'occasion*
the dearly-missed Lady Diana	*la très regrettée Lady Diana*
a well-known actor	*un acteur bien connu*
a clean-shaven face	*un visage rasé de près*
a far-fetched comparison	*une comparaison tirée par les cheveux*
a plain-spoken farmer	*un fermier au franc-parler*
an undreamed-of success	*un succès inespéré*
a hard-fought battle	*une bataille acharnée*
a well-paid job	*un travail bien payé*
a well-trained dog	*un chien bien dressé*
a self-employed worker	*une personne à son compte*
a gang-ridden city	*une cité infestée de gangsters*
an old-established tradition	*une tradition de longue date*
She was tongue-tied.	*Elle était bouche bée.*
a well-read scholar	*un universitaire versé dans les classiques*

a much-travelled guide	*un guide ayant beaucoup voyagé*
a well-behaved little girl	*une petite fille bien élevée*

Adjectif associé à un nom et au suffixe *-ed*

a blond-haired actress	*une actrice blonde*
a blue-eyed girl	*une fille aux yeux bleus*
a bad-tempered old man	*un vieil homme qui a mauvais caractère*
a short-sighted man	*un myope*
a middle-aged man	*un homme d'âge moyen*
a narrow-minded approach	*une approche révélant une étroitesse d'esprit*
a left-handed tennis player	*un gaucher (au tennis)*
an absent-minded teacher	*un professeur étourdi*
a bad-mannered pupil	*un élève mal élevé*
a small-minded person	*une personne mesquine*
a one-eyed pirate	*un pirate borgne*
He is two-faced.	*Il est hypocrite.*
a good-natured player	*un joueur accommodant*
a quick-witted writer	*un écrivain à l'esprit vif*
a foul-mouthed inmate	*un détenu grossier*
a cold-blooded reaction	*une réaction de sang-froid*

a low-spirited person	*une personne déprimée*
a big-headed boy	*un garçon qui a la grosse tête*
a four-legged animal	*un animal à quatre pattes*
high-heeled shoes	*des chaussures à talon*
old-fashioned clothes	*des vêtements démodés*
a multi-coloured fabric	*un tissu multicolore*
a one-armed bandit	*un bandit manchot*
a short-lived success	*un succès de courte durée*
a single-handed achievement	*un exploit réalisé sans l'aide de personne*

Adjectif précédé d'un nom

a blood-red sky	*un ciel rouge sang*
a sky-blue jacket	*un blouson bleu ciel*
a lemon-yellow car	*une voiture jaune citron*
the night was pitch-dark	*il faisait nuit noire*
coal-black fumes	*des fumées noires comme le charbon*
He had cotton-white teeth.	*Ses dents étaient blanches comme du coton.*
He is colour-blind.	*Il est daltonien.*
She is sea-sick.	*Elle a le mal de mer.*
a world-famous singer	*un chanteur connu dans le monde entier*

a smoke-free area	*une zone non-fumeur*
She was too self-confident.	*Elle était trop sûre d'elle.*
environment-friendly measures	*des mesures de protection de l'environnement*
a self-taught thinker	*un penseur autodidacte*
a self-indulging teenager	*un adolescent qui ne se refuse rien*
He is diet-conscious.	*Il fait attention à ce qu'il mange.*
war-weary civilians	*des civils lassés de la guerre*
a star-studded sky	*un ciel parsemé d'étoiles*
She was stone-dead.	*Elle était raide morte.*
He is stone-deaf.	*Il est sourd comme un pot.*
stress-related illnesses	*maladies liées au stress*
She was panic-stricken.	*Elle fut prise de panique.*
a potty-trained child	*un enfant habitué à aller sur le pot*
The water was knee-deep.	*L'eau arrivait aux genoux.*
The door was half-open.	*La porte était entrouverte.*
a hand-made pottery	*une poterie faite à la main*

Adjectif suivi d'un nom

single-parent families	*des familles monoparentales*
part-time workers	*des employés à mi-temps*

all-night service	*service de nuit*
a high-speed train	*un train à grande vitesse*
the red-light district	*les quartiers chauds*
our next-door-neighbours	*nos voisins d'à côté*
second-hand books	*des livres d'occasion*
a long / short-term solution	*une solution à long / court terme*
third-world countries / children	*les pays / enfants du tiers-monde*
an upper-class neighbourhood	*un quartier très chic*
a big-time gambler	*un joueur invétéré*
small-town America	*l'Amérique profonde*
a bad-kid attitude	*une attitude de sale gosse*
hi-tech products	*des produits de haute technologie*
low-quality services	*des services de qualité médiocre*
a first-aid kit	*une trousse de secours*
a last-minute decision	*une décision de dernière minute*
late-night shopping	*shopping en soirée*
He gave us a dead-fish glare.	*Il nous a regardés d'un air hagard.*
She's my all-time favourite.	*C'est ma (chanteuse, actrice) préférée.*
old-time friends	*des amis de longue date*

a two- / three-piece suit	*un costume deux / trois pièces*
an all-terrain vehicle / bike	*un VTT / un véhicule tout terrain*
a four-wheel drive	*un véhicule à quatre roues motrices*
a first-class restaurant / hotel	*un hôtel / restaurant de premier ordre*

Autres formes d'adjectifs composés

a five-year-old child	*un enfant de cinq ans*
the devil-may-care attitude	*une attitude j'en-foutiste*
on a first-come-first-served basis	*servi selon l'ordre d'arrivée*
a down-to-earth personality	*un tempérament terre à terre*
up-to-date products	*des produits dernier cri*
the organisation was happy-go-lucky	*l'organisation était au petit bonheur la chance*
a hard-and-fast conclusion	*une conclusion toute faite*
She had come-to-bed eyes.	*Elle avait un regard aguicheur.*
a do-it-yourself shop	*un magasin de bricolage*
an all-you-can-eat restaurant	*un restaurant où l'on peut manger à loisir*
the rebel-without-a-clue attitude	*le style rebelle en culotte courte*

the who's-to-blame reflex	*le réflexe de chercher un coupable*
a once-in-a-lifetime opportunity	*une occasion unique dans une vie*
a once-only offer	*une offre exclusive*
one-to-one tuition	*des cours particuliers*
a matter-of-fact decision	*une décision prosaïque*
state-of-the-art comfort	*un confort dernier cri*
a middle-of-the-road policy	*une politique mi-figue, mi-raisin*
pay-per-view television	*la télévision à la carte*
a larger-than-life wax model	*une statue de cire plus vraie que nature*
the shop-till-you-drop culture	*la culture du shopping non-stop*
the ready-to-wear industry	*l'industrie du prêt-à-porter*
a no-go area	*une zone interdite*
word-of-mouth traditions	*des traditions orales*
a word-for-word translation	*une traduction mot à mot*

Adjectifs reliés par *and*

*Adjectifs fonctionnant en binôme avec un autre adjectif et reliés par **and**. Cet usage est omniprésent avec des expressions comme **A hard and fast conclusion** : une conclusion toute faite...*

alive and kicking	*plein d'énergie*
We were young and free.	*Nous étions jeunes et libres.*
old and wise	*d'une sagesse vénérable*
I'm good and ready: let's go!	*Je suis fin prêt : allons-y !*
I told him off good and proper.	*Je le lui ai dit une bonne fois pour toutes.*
We got up nice and early.	*Nous nous sommes levés de bon matin.*
It's so nice and cosy here!	*Qu'il fait bon ici !*
It's so nice and peaceful!	*C'est si paisible !*
The water was lovely and warm.	*L'eau était bien chaude.*
peaceful and quiet	*calme et serein*
a cheap and nasty attitude	*un comportement indigne*
She's cool and calculating.	*Elle est d'un froid calculateur.*
rich and famous	*riche et célèbre*

dead and buried	*mort et enterré*
safe and sound	*sain et sauf*
Speak loud and clear!	*Parle fort et articule !*
my one and only friend	*mon seul ami*
a born and bred Londoner	*un Londonien de souche*
I'm sick and tired of seeing you!	*J'en ai marre de te voir !*
He is deaf and dumb.	*Il est sourd muet.*
I'm getting better and better.	*Je vais de mieux en mieux.*
It's getting worse and worse.	*Cela ne cesse d'empirer.*
We were hungry and thirsty.	*Nous avions faim et soif.*
sweet-and-sour food	*le mélange sucré-salé*
a hard-and-fast conclusion	*une conclusion toute faite*

Deux adjectifs devant un nom

Adjectifs fonctionnant en binôme avec un autre adjectif et placés devant un nom. Cet usage est très fréquent dans la langue descriptive et avec des constructions comme : ***the big bad wolf*** *: le grand méchant loup ;* ***a long, long time ago*** *: Il y a bien longtemps...*

a long, long time ago	*il y a bien longtemps*
far, far away	*très, très loin*
in a big, dark forest	*dans une grande et sombre forêt*
on a beautiful starry night	*par une belle nuit étoilée*
on a bright sunny day	*par une belle journée ensoleillée*
a miserable freezing winter	*un hiver froid et déprimant*
the big bad wolf	*le grand méchant loup*
the good old days	*le bon vieux temps*
the wild, wild West	*l'ouest sans foi ni loi*
a promising young actor	*un jeune acteur plein de promesses*
a charming, young actress	*une charmante jeune première*
a lovely, flowery dress	*une belle robe à fleurs*
a sweet little girl	*une gentille petite fille*
a quiet little boy	*un petit garçon tranquille*

a nice young man	*un jeune homme sympathique*
He's just a silly old fool!	*Ce n'est qu'un vieux fou !*
a sad little man	*un pauvre type*
Poor little thing!	*Pauvre petit(e) !*
a poor drunken fellow	*un pauvre ivrogne*
the bright young things	*la génération qui monte*
You're jolly lucky!	*Tu en as de la chance !*
a dirty old car	*une vieille guimbarde*
a warm, welcoming smile	*un sourire chaleureux et accueillant*
a sad, lonely place	*un endroit déprimant*
nice, friendly inhabitants	*des habitants très accueillants*

Adjectifs prépositionnels

*Ils sont composés d'un adjectif et d'une préposition accolés (ex : **He's hard up** : Il est fauché ; **She's pent-up** : Elle est sur les nerfs...)*

a pick-up truck	*un pick up*
an off-shore platform	*une plate-forme offshore*

see-through clothes	*des vêtement transparents*
on-line services	*services en ligne*
an out-of-date product	*un produit périmé*
inch-by-inch negotiations	*des négociations point par point*
the ongoing debate	*le débat en cours*
one-to-one tuition	*des cours particuliers*
an oncoming danger	*un danger imminent*
an out-of-bounds building site	*un chantier interdit*
I cant' tell you offhand.	*Je ne peux pas te le dire comme ça.*
shut-down prices	*des prix de liquidation*
takeaway food / meal	*plats à emporter*
outdated methods	*des méthodes dépassées*
the sell-by date	*la date limite de vente*
an overcrowded bus	*un bus bondé*
an overworked CEO	*un PDG débordé de travail*
their overwhelming superiority	*leur supériorité écrasante*
overpriced products	*des produits vendus trop chers*
underfed children	*des enfants mal nourris*
I'm back from overseas.	*Je reviens d'un voyage à l'étranger.*
an undreamed-of success	*un succès inespéré*

She's completely outlandish.	*Elle est complètement excentrique.*
the upstairs / downstairs flat	*l'appartement du dessus / dessous*
the inside / outside temperature	*la température intérieure / extérieure*
upriver / downriver	*en amont / en aval*
downhill skiing	*le ski de piste*
an outright refusal	*un refus catégorique*
an upsetting experience	*une expérience bouleversante*
on-board services	*services à bord*
in-flight meals	*repas servis en vol*
an in-growing toenail	*un ongle incarné*
a sit-down strike	*un sit-in*
their getaway car	*la voiture avec laquelle ils ont fui*
an outspoken criticism	*une critique cinglante*
outdoor / indoor activities	*activités d'extérieur / d'intérieur*
off-road driving	*la conduite sur piste*
He's a bit off-the-wall.	*Il est un peu bizarre.*
the off-peak season	*la saison creuse*
worn-out shoes	*des chaussures usées*
a built-in mirror	*un miroir encastré*

a built-up area	*une zone construite*
the outgoing president / candidate	*le président / candidat sortant*
We were outnumbered 3 to 1.	*Ils étaient trois fois plus que nous.*
an out-and-out liar	*un fieffé menteur*
I can't say I'm overjoyed.	*Je ne suis pas franchement ravi.*
an overnight change	*un changement du jour au lendemain*
overgrown with weeds	*envahi de mauvaises herbes*
overpopulated countries	*des pays surpeuplés*
Standby for takeoff.	*Paré pour le décollage.*

Usage fréquent d'un adjectif précédé d'un adverbe

*Les adverbes en **-ly** sont fréquemment utilisés avec un adjectif. On trouve ainsi des constructions plus littéraires comme **a really interesting visit** : une visite particulièrement intéressante. Chaque entrée est donnée en contexte.*

He was seriously injured. *Il a été sérieusement blessé.*

This documentary is particularly interesting. *Ce documentaire est particulièrement intéressant.*

She's financially dependent on her parents. *Elle est financièrement dépendante de ses parents.*

His short stories are really fascinating. *Ses nouvelles sont vraiment passionnantes.*

I'm definitely interested in his work. *Je suis tout à fait intéressé par ses travaux.*

AIDS didn't use to be so widely spread. *Avant, le sida n'était pas aussi répandu.*

The balloon is heavily loaded. *La montgolfière est lourdement chargée.*

He dresses casually formal. *Il s'habille style passe-partout.*

I find oysters absolutely disgusting. *Je trouve les huîtres vraiment écœurantes.*

They are completely broke. *Ils sont complètement fauchés.*

You sound totally exhausted.	*Tu as l'air complètement épuisé.*
He was incredibly rich when he died.	*À sa mort, il était incroyablement riche.*
They were literally scared to death.	*Ils étaient littéralement morts de peur.*
She feels increasingly threatened.	*Elle se sent de plus en plus menacée.*
I am awfully sorry…	*Je suis vraiment désolé…*
He was visibly surprised.	*Il a été visiblement surpris.*
It's perfectly natural.	*C'est parfaitement naturel.*
I am extremely disappointed.	*Je suis extrêmement déçu.*
The weather tomorrow will be mostly cloudy.	*Demain, le temps sera principalement nuageux.*
I was especially impressed with / by the new museum.	*J'ai été particulièrement impressionné par le nouveau musée.*
He was tragically killed in an accident.	*Il a été tué de façon tragique dans un accident.*
She was terribly upset after his death.	*Elle fut terriblement secouée après sa mort.*
Bears are rarely seen in the day time.	*Il est rare de voir des ours en plein jour.*
Today the politically correct is all over.	*De nos jours, le politiquement correct est partout.*
Some newly rich have just settled in this neighbourhood.	*De nouveaux riches viennent de s'installer dans ce quartier.*

After her face lift, she was hardly recognisable.	*Après son lifting, elle était à peine reconnaissable.*
I felt slightly uneasy at this party.	*Je me suis senti(e) un peu mal à l'aise à cette soirée.*
This meeting is vitally important.	*Cette réunion est d'une importance vitale.*
It was wonderfully warm.	*Il faisait merveilleusement bon.*
He looks wonderfully well.	*Il a l'air de se porter à merveille.*
He was unusually late.	*Il est arrivé avec un retard inhabituel.*
They were poorly dressed.	*Ils étaient mal habillés.*
That child is naturally gifted.	*Cet enfant est naturellement doué.*
The car was illegally parked.	*La voiture était en stationnement interdit.*
I'm totally exhausted!	*Je suis complètement épuisé !*
She's incomparably beautiful.	*Elle est d'une beauté incomparable.*
a centrally heated house	*une maison avec le chauffage central*
It is commonly believed that...	*On a tendance à croire que...*
He was deeply moved by her story.	*Il fut profondément ému par son histoire.*
He was strongly advised not to cheat.	*On lui a vivement conseillé de ne pas tricher.*

The trial was grossly unfair.	*Le procès fut d'une injustice grossière.*
You will be personally notified of the decision.	*Vous serez averti personnellement de la décision.*
He was obviously condemned for political reasons.	*Il est évident qu'il a été condamné pour raisons politiques.*
She was declared clinically dead.	*Elle a été déclarée cliniquement morte.*
the terminally ill	*les malades en phase terminale*
Logical, flawlessly logical.	*Logique, parfaitement logique.*
I'm unfortunately not available at the moment.	*Je ne suis malheureusement pas disponible pour le moment.*
He was legally arrested and prosecuted.	*Il a été arrêté et jugé selon une procédure légale.*
He's supposedly ill.	*Il est soi-disant malade.*
We saw newly-weds in a white limousine.	*Nous avons vu de jeunes mariés dans une limousine blanche.*

III. Expressions idiomatiques : les incontournables de la conversation

Adjectifs courants en contexte

*26 adjectifs usuels (**big, good, small, bad**...) utilisés dans des phrases brèves ou des expressions toutes faites de la vie de tous les jours. Chaque entrée permet de vérifier l'aspect polyvalent et incontournable de ces adjectifs.*

big

my big brother	*mon grand frère*
He is big-headed.	*Il a la grosse tête.*
They're just talking big.	*Ils racontent des histoires, c'est tout.*
They made big money.	*Ils ont gagné une fortune.*
She's got a big mouth.	*Elle ne sait pas se taire.*
That's her big day.	*C'est son grand jour.*
He's a big name in economics.	*C'est un ponte de l'économie.*
a big-time gambler	*un joueur invétéré*
He's a big spender.	*Il dépense beaucoup.*

small

It's a small world.	*Le monde est petit.*
He is small-minded.	*Il est mesquin.*
He's a small-town boy.	*C'est un campagnard.*
in the small hours of the morning	*au petit matin*
She made us feel small.	*Elle nous a pris de haut.*
It's a matter of small importance.	*Cela n'a pas d'importance.*
The small ads.	*Les petites annonces.*
She spoke in a small voice.	*Elle prit une petite voix.*

good

I feel good.	*Je me sens bien.*
Take a good look!	*Regarde attentivement !*
It's no good.	*Ça ne sert à rien.*
Be good, or you'll be punished.	*Sois gentil, sinon tu seras puni.*
This is good enough for me.	*Ça me convient / suffit.*
It's good to see you!	*Je suis content de vous voir !*
That's a good thing.	*C'est bien.*
We had a good laugh.	*Nous avons bien ri.*

"I passed the test!"	*– J'ai réussi le test !*
"Good for you!"	*– Bravo !*
It will do me good.	*Cela me fera du bien.*

bad

"How are you?"	*– Comment ça va ?*
"Not too bad".	*– Pas trop mal.*
Bad news!	*Mauvaises nouvelles !*
"We've lost."	*– Nous avons perdu.*
"Too bad!"	*– Dommage !*
Smoking is bad for you.	*Le tabac est mauvais pour la santé.*
She's got a bad cold.	*Elle a un mauvais rhume.*
The milk has gone bad.	*Le lait a tourné.*
He is bad-tempered.	*Il a mauvais caractère.*
She is bad-mannered.	*Elle est mal élevée.*
That was a bad thing to do.	*Ce n'était pas une chose à faire.*

long

So long!	*À bientôt !*
Long time no see!	*Ça fait longtemps !*
A long time ago…	*Il y a bien longtemps…*
Not too long ago…	*Il y a peu de temps…*
I'm a long way from home.	*Je suis loin de chez moi.*

"Hurry up!" **"I won't be long!"**	*– Dépêche-toi !* *– Je ne serai pas long !*
To cut a long story short,...	*En bref,...*
in the long term	*à long terme*
all day / night long	*toute la nuit / toute la journée*
Days are getting longer.	*Les jours allongent.*

short

a short time ago	*il y a peu de temps*
He is short-sighted.	*Il est myope.*
in the short term	*à court terme*
He was a bit short of money.	*Il lui manquait un peu d'argent.*
Hurry up! Time is short!	*Dépêchez-vous ! Le temps presse !*
She took a short cut.	*Elle a pris un raccourci.*
a week short of her birthday	*une semaine avant son anniversaire*
Supplies are short.	*Les provisions s'épuisent.*
He gave us short notice.	*Il nous a prévenus peu de temps auparavant.*

hard

It's a hard life.	*La vie est dure.*
It's hard to tell.	*C'est difficile à dire.*

I find it hard to believe.	*J'ai du mal à le croire.*
Hard / tough luck!	*Pas de chance !*
Try harder!	*Essaie encore !*
It's been a hard-day's work.	*Cela a été une dure journée de travail.*
She's really hard working.	*C'est une acharnée du travail.*
No matter how hard I try...	*Quand bien même je ferais de mon mieux...*
He's a hard drinker.	*C'est un gros buveur.*
Speak louder, he's hard of hearing.	*Parle plus fort, il est dur d'oreille.*

easy

Easy, easy!	*Doucement, doucement !*
Take it easy!	*Cool / Calme-toi !*
It's as easy as pie!	*C'est du gâteau !*
It's no easy task.	*La tâche est ardue.*
It's not so easy!	*C'est pas si facile !*
There's no easy way out.	*Il n'y a pas de solution aisée.*
She's really easy-going.	*Elle est vraiment facile à vivre.*
She didn't feel very easy.	*Elle se sentait mal à l'aise.*
Easier said than done.	*Plus facile à dire qu'à faire.*

cold

the Cold War	*la guerre froide*
It's getting cold.	*Il commence à faire froid.*
He got cold.	*Il a pris froid.*
Don't go out in this cold!	*Ne sors pas par ce froid !*
Better eat, it's getting cold.	*Mange, ça va refroidir.*
He is cold-hearted.	*Il a un cœur de pierre.*
He did it in cold blood.	*Il a agi de sang-froid.*
We got a cold reception.	*Nous avons reçu un accueil assez distant.*
He's as cold as ice.	*Il est d'un abord très froid.*
Well, it's cold comfort...	*Ça ne change rien à la situation.*

nice

Have a nice week-end!	*Bon week-end !*
She's a nice person.	*Elle est sympa.*
The weather's nice.	*Il fait beau.*
That's very nice of you.	*C'est très gentil à vous.*
It smells nice in here.	*Ça sent bon ici.*
You look nice in that dress.	*Cette robe te va bien.*

Nice to meet you!	*Content de vous connaître !*
It would be nice if...	*Ce serait bien si...*
Nice friends you've got!	*Ils sont sympas tes amis ! (ironique)*

sick

I feel sick.	*J'ai mal au cœur.*
She fell sick.	*Elle est tombée malade.*
She was homesick.	*Elle avait le mal du pays.*
He has seasickness.	*Il a le mal de mer.*
She is on sick leave.	*Elle est en congé maladie.*
He makes me sick!	*Il me dégoûte !*
It's enough to make you sick.	*Il y a de quoi vous dégoûter.*
I'm sick and tired of waiting!	*J'en ai ras-le-bol d'attendre !*
I'm sick of that dog!	*Ce chien me rend fou !*

far

How far is it?	*C'est loin ?*
It's too far!	*C'est trop loin !*
They live quite far.	*Ils habitent assez loin.*
So far, so good!	*Jusqu'ici, tout va bien.*
the Far East	*l'Extrême-Orient*
the far right / left	*l'extrême droite / gauche*

As far as I'm concerned...	*En ce qui me concerne...*
He's the smallest by far.	*C'est de loin le plus petit.*
She's gone too far this time!	*Cette fois-ci, elle est allée trop loin !*
It's far too expensive!	*C'est bien trop cher !*

mad

He's completely mad!	*Il est complètement fou !*
Are you mad?	*Tu es fou ou quoi ?*
She makes me mad.	*Elle me rend fou.*
What made you so mad?	*Qu'est-ce qui t'a mis en colère comme ça ?*
They ran like mad.	*Ils ont couru comme des fous.*
He is football-mad.	*C'est un mordu de foot.*
He got mad at me.	*Il s'est énervé contre moi.*
I'm not mad about it.	*Je n'en raffole pas.*
Don't go mad for him.	*Ne t'emballe pas pour lui.*
the mad cow disease	*la maladie de la vache folle*

lucky

How lucky!	*Quelle chance !*
You're lucky you know.	*Tu as de la chance, tu sais.*
Lucky you!	*Veinard que tu es !*

I'm lucky to be alive.	*J'ai de la chance d'être en vie.*
Who's the lucky man?	*Qui est l'heureux élu ?*
If we're lucky...	*Si tout se passe bien...*
It's my lucky day.	*C'est mon jour de chance.*
the lucky winner	*l'heureux vainqueur*
a lucky strike	*un coup de chance*
lucky in love	*heureux en amour*

high

my high school	*mon lycée*
It's too high for me.	*C'est trop haut pour moi.*
She's got high blood pressure.	*Elle fait de la tension.*
friends in high places	*des amis haut placés.*
It's high time things changed!	*Il est grand temps que les choses changent !*
The sea is running high.	*La mer est houleuse.*
at high tide	*à marée haute*
a high-class hotel	*un hôtel de première classe*
the high spot of the evening	*le clou de la soirée*
She was on the high wire.	*Elle était sur la corde raide.*

low

at low tide	*à marée basse*
in low gear	*en 1re / 2nde (vitesse)*
Cook in a low oven.	*Cuire à feu doux.*
a low-cal diet	*un régime faible en calories*
She keeps a low profile.	*Elle adopte un profil bas.*
He spoke in a low voice.	*Il parlait à mi-voix.*
The dollar has sunk to a new low.	*Le dollar a atteint son niveau le plus bas.*
a low-budget film	*un film à petit budget*
We were low in water.	*Nous n'avions plus beaucoup d'eau.*
low temperatures	*le froid*

last

at the last minute	*au dernier moment*
for the last time	*pour la dernière fois*
Last, but not least...	*Enfin, et pour insister...*
last night	*hier soir*
in the last three days	*ces trois derniers jours*
He came last but one.	*Il est arrivé avant-dernier.*
We still haven't seen the last of it.	*Nous n'avons pas fini d'en entendre parler.*

at this time last year	*l'an passé à cette époque*
They fought to the last man.	*Ils se sont battus jusqu'au dernier.*

first

First come, first served.	*Les premiers arrivés sont les mieux servis.*
He came first.	*Il a terminé premier.*
The first time I met her.	*La première fois que je l'ai rencontrée.*
I did it first thing in the morning.	*C'est la première chose que j'ai faite.*
in the first place	*en premier lieu*
the first lady	*la femme du président*
a first-aid kit	*une trousse de secours*
the first world war	*la première guerre mondiale*
the very first time	*la toute première fois*

fast / slow

Don't go too fast!	*Ne va pas trop vite !*
a fast train	*un rapide*
life in the fast lane	*la vie à cent à l'heure*
She was too fast for me.	*Elle a été trop rapide pour moi.*
a hard-and-fast conclusion	*une conclusion toute faite*

in slow motion	*au ralenti*
a slow sign	*un panneau « Ralentir »*
It's slow work.	*Ça n'avance pas vite.*
He's so slow!	*Comme il est lent !*
My watch is 10mn slow.	*Ma montre retarde de 10 min.*

deep

It's too deep!	*C'est trop profond !*
The water was knee-deep.	*L'eau arrivait aux genoux.*
a deep-sea diver	*un plongeur sous-marin*
He is in deep water.	*Il a de gros ennuis.*
deep in my heart	*dans le fond de mon cœur*
deep in the forest	*au cœur de la forêt*
Take a deep breath!	*Respirez profondément !*
Oh, that was deep!	*Ça, c'était intelligent !*

sure

Sure!	*Bien sûr !*
That's for sure!	*Ça, c'est sûr !*
"Are you sure?" **"Positive!"**	*– Tu es sûr ?* *– Sûr et certain.*
It sure is true!	*Bien sûr que c'est vrai !*
I'm not so sure.	*Je n'en suis pas si sûr(e).*

I'll make sure he's there.	*Je m'assurerai de sa présence.*
Sure enough she was there.	*Effectivement, elle était là.*
She's sure of herself.	*Elle est sûre d'elle.*
They are sure to be late.	*Ils sont sûrs d'être en retard.*
It's sure to rain.	*Il va pleuvoir, c'est sûr.*

poor

Look at him! Poor boy!	*Regarde-le ! Le pauvre !*
Poor little thing, freezing all over!	*Le pauvre petit, il est gelé !*
Poor you! How did it happen?	*Pauvre de toi ! Comment est-ce arrivé ?*
He's got a poor memory.	*Il n'a pas une bonne mémoire.*
She has a poor opinion of herself.	*Elle a une mauvaise opinion d'elle-même.*
I'm a poor / bad loser.	*Je suis mauvais perdant.*
They say she's a poor driver.	*On dit qu'elle conduit mal.*
He's got a poor hearing.	*Il est dur d'oreille.*

one

one by one	*un par un*
the last but one	*l'avant-dernier*
my one and only friend	*mon seul ami*
a one-way street	*une rue à sens unique*

For one thing, they were late.	*Pour commencer, ils étaient en retard.*
I, for one, vote for.	*Moi, je vote pour.*
It's one and the same thing.	*C'est du pareil au même.*
They are one of a kind.	*Ils sont du même genre.*
We were one too many.	*Nous étions un de trop.*
The one man who could help us.	*Le seul homme qui puisse nous aider.*

right

You're right!.	*Tu as raison !*
Is that right?	*C'est vrai ?*
Right or wrong?	*Vrai ou faux ?*
Did you get it right?	*Tu as trouvé la solution ?*
She's not always right.	*Elle n'a pas toujours raison.*
He's the right man.	*C'est l'homme qu'il nous faut.*
You did the right thing.	*Tu as fait ce qu'il fallait.*
That's only right and proper.	*Ce n'est que justice!*
That's only right for him to accept.	*C'est normal qu'il accepte.*
That can't be right!	*Ça ne peut pas être vrai !*

fine

"How are you?" **"Fine, thanks".**	*– Comment allez-vous ?* *– Bien, merci.*
I feel fine.	*Je me sens bien.*
That's fine with me.	*Cela me convient.*
We had fine weather.	*Nous avons eu beau temps.*
Don't worry, she'll be fine.	*Ne t'en fais pas, tout ira bien pour elle.*
Any questions? No? Fine!	*Des questions ? Non ? Très bien !*
You look fine in that dress.	*Cette robe te va bien.*
one fine day	*un beau jour*
We get on fine.	*Nous nous entendons bien.*
fine art	*les beaux arts*

fair

Fair enough!	*Bon, d'accord !*
It's not fair!	*Ce n'est pas juste !*
It's not fair play!	*Ce n'est pas fair-play !*
Fair's fair!	*Ce n'est que justice !*
He got a fair trial.	*Il a eu un procès équitable.*
This isn't fair on anyone.	*Ce n'est juste pour personne.*

in fair condition — *en assez bon état*

She's got fair hair. — *Elle est blonde.*

Noms courants en contexte

*25 noms usuels (**time, deal, way, home**...) utilisés dans des phrases brèves ou des expressions toutes faites de la vie de tous les jours. Chaque entrée permet de vérifier l'aspect polyvalent et incontournable de ces noms.*

life

How's life? — *Comment ça va ?*

Get a life! — *Bouge-toi un peu !*

Life is hard. — *La vie est dure.*

Life goes on. — *La vie continue.*

in his early life — *dans sa jeunesse*

in the next life — *dans l'autre vie*

Life is worth living. — *La vie vaut la peine d'être vécue.*

She's got a busy life. — *Sa vie est bien remplie.*

They lead a quiet life. — *Ils mènent une vie tranquille.*

What a life! — *Quelle vie !*

place

She likes going places.	*Elle aime bien voyager.*
This is my place.	*Voilà ma maison.*
Venice is a lovely place.	*Venise est splendide.*
I can't find it any place.	*Je ne le trouve nulle part.*
She feels out of place.	*Elle se sent mal à l'aise.*
Why is he here in the first place?	*Et pour commencer que fait-il ici ?*
Mice were all over the place.	*Il y avait des souris partout.*
That's no place for a child.	*Ce n'est pas un endroit pour un enfant.*

home

Make yourself at home!	*Faites comme chez vous !*
There's no place like home.	*Rien de tel que d'être chez soi.*
I'm going home.	*Je rentre à la maison.*
I won't be home until 2.	*Je ne rentre pas avant 2 heures.*
What's your home town?	*Quelle-est votre ville natale ?*
He has no home of his own.	*Il n'habite nulle part.*
Let me drive you home.	*Laissez-moi vous reconduire.*
home made jam	*de la confiture maison*
Time to go home!	*C'est l'heure de rentrer !*

There's nobody home.	*Il n'y a personne.*

way

That's just the way it is!	*C'est comme ça, et voilà !*
She's on her way.	*Elle arrive.*
He asked the way.	*Il a demandé son chemin.*
this / that way	*par ici / par là*
There's no way he can win.	*Il n'a aucune chance de gagner.*
I did it my way.	*Je l'ai fait à ma façon.*
It's way too far! (Adv.)	*C'est beaucoup trop loin !*
One way or the other…	*Quoi qu'il en soit…*
"Come here now!" **"No way!"**	*– Viens ici tout de suite !* *– Pas question !*

thing

How's things?	*Comment ça va ?*
There's no such thing as chance.	*La chance, ça n'existe pas.*
I did it first thing in the morning.	*C'est la première chose que j'ai faite.*
(The) thing is, we arrived too late.	*Le problème, c'est que nous sommes arrivés en retard.*
I've got a couple things to do.	*J'ai deux ou trois choses à faire.*
I don't know a thing about it.	*Je n'y connais absolument rien.*

It's a terrible thing to say.	*C'est terrible de dire une chose comme ça.*
Of all things, that *he* should win!	*Ce serait un comble s'il gagnait !*
It's a good thing I'm here.	*C'est bien / ça vaut mieux que je sois ici.*

time

It's about time!	*Il est grand temps !*
last time	*la dernière fois*
three times a week	*trois fois par semaine.*
at this time of year	*à cette époque de l'année*
We're ahead of time.	*Nous sommes en avance.*
My time is up.	*Je n'ai plus de temps.*
Time to go to bed!	*Il est l'heure d'aller au lit !*
a race against time	*une course contre la montre*

man

Hey, man!	*Eh, mec !*
Man, was I scared!	*Qu'est-ce que j'ai eu peur !*
old man Jones	*le vieux Jones*
My old man!	*Mon paternel !*
He's a nice man.	*Il est sympathique.*
a football man	*un amateur de football*

He's the right man.	*C'est l'homme qu'il nous faut.*
a blind / deaf man	*un aveugle / sourd*
The repair man is coming soon.	*Le réparateur va venir bientôt.*
If he sees me, I'm a dead man!	*Il va me tuer s'il me voit ici.*

day

It's my day off.	*C'est mon jour de congé.*
day after day	*jour après jour*
the other day	*l'autre jour*
Some day, I'll be back.	*Un jour, je reviendrai.*
We're all tired. Let's call it a day.	*On est tous fatigués. Arrêtons-nous là !*
I met her on a rainy day.	*Je l'ai rencontrée un jour qu'il pleuvait.*
in this day and age…	*à l'époque que nous vivons…*
these days	*de nos jours*
the good old days	*le bon vieux temps*
They come here every other day.	*Ils viennent ici un jour sur deux.*

matter

What does it matter?	*Qu'est-ce que ça change ?*
It doesn't really matter.	*Ça ne fait / change rien.*
What's the matter with you?	*Qu'est-ce qui t'arrive ?*

As a matter of fact…	*En fait…*
He acts as if nothing was the matter.	*Il fait comme si de rien n'était.*
Nothing else matters.	*Il n'y a que cela qui compte.*
Call me, no matter how late it is.	*Appelle-moi, même s'il est très tard.*
It's a matter of opinion.	*C'est une question d'opinion.*
He was back in a matter of 10 mn.	*Dix minutes après, il était revenu.*

deal

It's no big deal!	*C'est pas grave !*
Big deal!	*Tu parles !*
It's a good deal.	*C'est une bonne affaire.*
Deal!	*Marché conclu !*
It's a good deal cheaper.	*C'est bien moins cher.*
What's the deal?	*Quel est le marché ?*
We might have a deal.	*On pourrait peut-être s'arranger.*
That's saying a good deal.	*Ça en dit long.*
He spends a great deal on clothes.	*Il dépense beaucoup pour s'habiller.*

point

"What's the point?" **"No point!"**	*– À quoi ça sert ?* *– À rien !*
That's not the point!	*Ce n'est pas la question !*
Come to the point!	*Venons-en au fait !*
It's pointless saying that.	*Ça ne sert à rien de dire ça.*
at this point…	*au point où nous en sommes…*
Up to a certain point…	*Dans une certaine mesure…*
What's your point of view?	*Quel est ton point de vue ?*
The point is that you'd promised!	*Le « hic », c'est que tu avais promis !*

mind

What's on your mind?	*À quoi tu penses ?*
Make up your mind!	*Décide-toi !*
He keeps changing his mind.	*Il n'arrête pas de changer d'avis.*
You must be out of your mind!	*Tu dois avoir perdu la tête !*
(verb) Never mind.	*C'est pas grave.*
(verb)I hope you don't mind.	*J'espère que ça ne te dérange pas.*
(verb) Do you mind if…	*Ça vous ennuie si… ?*

(verb) She could be right, mind you.	*Peut-être qu'elle a raison, après tout.*
(verb) Mind the step!	*Attention à la marche !*

heart

Don't lose heart!	*Ne perds pas courage !*
I learnt it by heart.	*Je l'ai appris par cœur.*
a heart of stone	*un cœur de pierre*
He spoke from the heart.	*Il a parlé avec son cœur.*
the heart of the matter	*le cœur du problème*
in the heart of the desert	*en plein désert*
Her heart is set on marrying him.	*Elle est déterminée à l'épouser.*
I didn't have the heart to do it.	*Je n'ai pas eu le cœur /courage de le faire.*
I did it with all my heart.	*Je l'ai fait avec tout mon cœur.*

hand

Hands off!	*Haut les mains !*
Hands up!	*Bas les pattes !*
Put your hands in the air!	*Les mains en l'air !*
She took me by the hand.	*Elle m'a pris par la main.*
Give me your hand.	*Donne-moi ta main.*

I can't tell you off hand.	*Je ne peux pas te le dire comme ça.*
My life was in his hands.	*Ma vie était entre ses mains.*
Could you lend me a hand?	*Pourrais-tu me donner un coup de main ?*
hand-painted	*peint à la main*

land

the promised land	*la terre promise*
a land of plenty	*une terre fertile*
the law of the land	*les lois du pays*
over land and sea	*sur terre et sur mer*
on dry land	*sur la terre ferme*
throughout the land	*a travers le pays*
a land of opportunity	*un pays où tout est possible*
in the land of Nod	*au pays des rêves*
the land of my fathers	*la terre de mes pères*
They've bought a piece of land.	*Ils ont acheté un terrain.*

face

face to face	*face à face*
That face is familiar.	*Ce visage me dit quelque chose.*
The same old faces...	*Toujours les mêmes têtes...*

It's written all over your face.	*Ça se voit à ta tête.*
He had the face to call me.	*Il a eu le toupet de m'appeler.*
She went red in the face.	*Elle est devenue toute rouge.*
Her plan blew up in her face.	*Son plan lui a éclaté au nez.*
He fell flat on his face.	*Il est tombé à plat ventre.*
I didn't see the man's face.	*Je n'ai pas vu le visage de l'homme.*

night

He is a night-bird.	*C'est un couche-tard.*
day and night	*jour et nuit*
all night	*toute la nuit*
at night	*le soir*
in the middle of the night	*en pleine nuit*
He works nights.	*Il travaille de nuit.*
Night was falling.	*La nuit tombait.*
last night	*hier soir*
tomorrow night	*demain soir*
I need a good night's sleep.	*J'ai besoin d'une bonne nuit de sommeil.*
She is used to early nights.	*Elle a l'habitude de se coucher tôt.*

name

He goes by the name of… but his real name is…	*Il se fait appeler… mais son vrai nom est…*
Do you have her name and address?	*Avez-vous ses coordonnées ?*
without mentioning any names	*sans citer de nom*
He has a name for punctuality.	*Il est célèbre pour sa ponctualité.*
He made a name in finance.	*Il s'est taillé un nom dans la finance.*
He put his name down for the job.	*Il a postulé pour cet emploi.*
in the name of love	*au nom de l'amour*

work

He is at work.	*Il est au travail.*
He is out of work.	*Il est au chômage.*
She's off work.	*C'est son jour de congé.*
on his way to work	*en allant au travail*
on his way from work	*en revenant du travail*
He made short work of it.	*Il l'a fait rapidement.*
I've got work for you.	*J'ai du travail pour vous.*
That was the work of a madman.	*C'était l'œuvre d'un fou.*

She does her work well.	*Elle fait bien son travail.*
the work of a pro	*un travail de pro*

love

He is in love.	*Il est amoureux.*
It was love at first sight.	*Ce fut un coup de foudre.*
They fell in love.	*Ils sont tombés amoureux.*
He did it out of love.	*Il a agi par amour.*
Love and kisses. (letter)	*Grosses bises. (lettre)*
She sends her love.	*Elle t'embrasse.*
She's a love!	*Elle est adorable !*
He's the love of my life.	*C'est l'amour de ma vie.*
Give my love to the kids.	*Embrasse les enfants de ma part.*
Make love, not war.	*Faites l'amour, pas la guerre.*

Expressions courantes utilisant une préposition

*Des phrases courtes mais incontournables (ex : **I'm off!** : J'y vais ! ; **What's up?** : Quoi d'neuf ?...)*

at home *à la maison*

at least *au moins*

At last! *Enfin !*

at the moment *en ce moment*

at the beginning *au début*

at the end *à la fin*

at night *le soir / la nuit*

at times *parfois*

at work *au travail*

at full speed *à toute vitesse*

at once *immédiatement*

by the way *au fait*

by car / bus *en voiture / en bus*

down the road *au bout de la route*

for real *pour de vrai*

for free *gratuit(ement)*

for ever	*pour toujours*
for sale	*à vendre*
for the moment	*pour le moment*
for better or for worse	*pour le pire et le meilleur*
for a while	*pendant un moment*
For goodness sake!	*Pour l'amour du ciel !*
for those who want to	*pour ceux qui veulent*
for the first time	*pour la première fois*
from where I stood	*de là où je me trouvais*
from time to time	*de temps en temps*
from head to toe	*de la tête aux pieds*
in most cases	*dans la plupart des cas*
in a few minutes	*dans quelques minutes*
in 10 years' time	*dans dix ans*
in the morning	*le matin*
in the evening	*le soir*
in the day time	*le jour*
in the meantime	*entre temps*
in this day and age	*à l'époque que nous vivons*
in the middle of nowhere	*en pleine brousse*
at the back of my mind	*dans mon for intérieur*
of course!	*bien sûr !*

on time *à l'heure*

on TV / the radio *à la télé / radio*

on the face of it *à première vue*

on second thoughts *tout bien réfléchi*

on my way to work *en allant au travail*

out of work *au chômage*

out of order *en panne*

to a certain extent *dans une certaine mesure*

to this day *jusqu'à ce jour*

to begin with *pour commencer*

to conclude *pour terminer*

up to a point *jusqu'à un certain point*

Les bouche-trous de la conversation

Couramment appelées ***Gapfillers****, ce sont des expressions qui servent à meubler la conversation, telles que* ***Let's see*** *: voyons ;* ***If you say so****... : si vous le dites...*

Let's put it that way... *Pour dire les choses ainsi...*

If you wanna put it that way... *Si vous voulez on peut dire que...*

Tell me…	*Dites-moi…*
You see…	*Tu vois…*
It's just that…	*C'est simplement que…*
It's like…	*C'est du genre…*
Well, sort of.	*Eh bien, si on veut.*
Basically…	*En gros…*
Look, don't you think…	*Voyons, ne pensez-vous pas que…*
How shall I put it?	*Comment dirais-je ?*
How shall I explain?	*Comment pourrais-je m'expliquer ?*
Anyway, where was I?	*Bref, où en étais-je ?*
You know what I mean?	*Vous voyez ce que je veux dire ?*
Hey, you know what?	*Tu sais quoi ?*
I was just telling myself…	*J'étais en train de me dire que…*
I wonder if…	*Je me demande si…*
It can't be true! No way!	*C'est pas possible !*
That's what I thought!	*C'est ce que je pensais !*
That's it!	*C'est ça ! Voilà !*
Yes, it's true.	*Oui, c'est vrai.*
I guess you're right.	*Je suppose que tu as raison.*
Didn't I say so?	*Je l'avais bien dit !*

Is that so / Really?	*Ah bon ? Vraiment ?*
Good gracious!	*Mon Dieu ! Oh là là !*
Er, not exactly…	*Euh, pas vraiment…*
Let me think.	*Laisse-moi réfléchir.*
It depends.	*Ça dépend.*
You never know.	*On ne sait jamais.*
It's hard to tell.	*C'est difficile à dire.*
It's confusing.	*On s'y perd.*
Things are not that simple.	*Les choses ne sont pas aussi simples.*
There's no easy way out.	*Il n'y a pas de solution facile.*
Well, I'm not so sure…	*Eh bien, je n'en suis pas si sûr…*
Well, if you say so…	*Bien, si vous le dites…*
What makes you so sure?	*Qu'est-ce qui te rend si sûre de toi ?*
I need to think about it.	*Il faut que j'y réfléchisse.*
As you wish. If you want.	*Comme tu veux.*
It's up to you.	*C'est à toi de voir.*
"Are you sure?" **"Positive!"**	*– Tu en es sûr ?* *– Sûr et certain !*
"Is it OK with you?" **"Definitely!"**	*– Ça te va ?* *– Tout à fait !*
"I have a question." **"Go ahead".**	*– J'ai une question.* *– Allez-y.*

That's just the way it is. *C'est comme ça.*

No kidding! *Tu veux rire !*

I was only joking ! *C'était juste pour rire !*

So what? Who cares? *Et alors ?!*

Never mind. *Ce n'est pas grave.*

Uh-huh. *C'est ça / Ouais.*

That's not the point! *Ce n'est pas le problème !*

It doesn't really matter. *Ça n'a pas d'importance.*

I don't see it that way. *Ce n'est pas mon avis.*

Expressions construites avec *or*

Deux termes reliés par ***or*** *utilisés dans des phrases brèves (ex :* ***The money or your life****!: La bourse ou la vie ! ;* ***It's now or never*** *: C'est maintenant ou jamais...)*

In an hour or so *Dans une heure environ*

Right or wrong? *Vrai ou faux ?*

I hope you didn't get hurt or anything... *J'espère que tu n'as pas été blessé...*

more or less *plus ou moins*

Are you crazy or what?	*Tu es fou ou quoi ?*
Trick or treat!	*Des bonbons, sinon...!*
Wanted: dead or alive	*Recherché : mort ou vif*
The money or your life!	*La bourse ou la vie !*
Take it or leave it!	*À prendre ou à laisser !*
It's now or never	*C'est maintenant ou jamais !*
It's all or nothing.	*C'est tout ou rien.*
Do it, or else!	*Tu as intérêt à le faire !*
Whether you like it or not!	*Que ça te plaise ou non !*
in a moment or two	*dans quelques minutes*
one way or another	*d'une façon ou d'une autre*
sooner or later	*tôt ou tard*
some time or another	*à un moment ou un autre*
He is either stupid, or completely mad.	*Soit il est idiot, soit il est complètement fou.*
Are you for or against?	*Tu es pour ou contre ?*
the life or death struggle	*la lutte pour la vie*
in this life or the next	*dans cette vie ou dans l'autre*
Stop it now or you'll be punished.	*Arrête tout de suite ou tu seras puni.*
Heads or tails?	*Pile ou face ?*

Expressions construites avec des comparatifs

Les comparatifs les plus fréquents dans des situations usuelles (ex : ***For better or for worse*** *: Pour le meilleur et pour le pire ;* ***the elder of the two*** *: le plus vieux des deux...)*

So much the better! — *Tant mieux !*

for the better part of an hour — *pendant près d'une heure*

Better be safe than sorry. — *Mieux vaut prévenir que guérir.*

For better of for worse. — *Pour le meilleur et pour le pire.*

Better late than never. — *Mieux vaut tard que jamais.*

a change for the better — *une amélioration*

It's getting better and better. — *Ça va de mieux en mieux.*

"How are you?" — *– Comment vas-tu ?*
"Getting better" — *– Ça va mieux.*

You'd better accept. — *Tu ferais mieux d'accepter.*

It's easier said than done. — *C'est plus facile à dire qu'à faire.*

a few minutes later — *quelques minutes plus tard*

more or less — *plus ou moins*

Try harder! — *Essaie encore !*

Speak louder! — *Parle plus fort !*

The more, the merrier. *Plus on est de fous, plus on rit.*

It could be worse. *Ça pourrait être pire.*

Would you like some more? *En voulez-vous d'autres ?*

more and more tourists *de plus en plus de touristes*

It's more than I can bear. *C'est plus que je ne peux en supporter.*

It's worse than I thought. *C'est pire que je ne le pensais.*

earlier in the morning *plus tôt dans la matinée*

his earlier novels *ses premiers romans*

the elder of the two *le plus vieux des deux*

See you later! *À plus tard !*

a lower middle-class neighbourhood *un quartier de classe moyenne*

Expressions construites avec des superlatifs

Les superlatifs les plus fréquents dans des situations usuelles (ex : ***He's the best*** *: C'est lui le meilleur ;* ***Most of the time*** *: La plupart du temps...)*

He's the best. *C'est lui le meilleur.*

She's my best friend. *C'est ma meilleure amie.*

They're the best of friends.	*Ils sont très bons amis.*
Best to wait and see.	*Mieux vaut attendre.*
I'll do my best.	*Je ferai de mon mieux.*
All the best. (letter)	*Amitiés. (lettre)*
It's the best I can do.	*C'est le mieux que je puisse faire.*
It's the least I can do.	*C'est le moins que je puisse faire.*
the latest news	*les dernières nouvelles*
at the latest	*au plus tard*
most of the time	*la plupart du temps*
most people	*la plupart des gens*
most of them	*la plupart d'entre eux*
in most cases	*dans la plupart des cas*
most certainly	*très certainement*
It's what I want most.	*C'est ce que je désire le plus.*
Last, but not least...	*Enfin, et pour insister...*
It costs at least £ 20.	*Ça coûte au moins 20 Livres.*
At least I was on time.	*Au moins, j'étais à l'heure.*
She was sorry, to say the least.	*Elle était désolée, et c'est peu dire.*
his worst enemy	*son pire ennemi*

The worst of it, is that nobody told me. *Le pire est que personne ne m'en avait parlé.*

It was her finest hour. *Ce fut son heure de gloire.*

Expressions de quantité

Cette rubrique propose un classement des quantifieurs les plus fréquents et des expressions où ils sont présents (ex : ***More or less*** *: Plus ou moins ;* ***One too many*** *: Un de trop...)*

most of the time *la plupart du temps*

in most cases *dans la plupart des cas*

for most people *pour la plupart des gens*

most of the people I know *la plupart des gens que je connais*

at least... *au moins...*

That's the least I can do. *C'est le moins que je puisse faire.*

Last, but not least... *Enfin, et pour insister...*

more or less *plus ou moins*

once more *une fois de plus*

Many people agree on that.	*Beaucoup s'accordent là-dessus*
many times	*souvent*
That much is true.	*Cela au moins, on en est sûr.*
So much the better!	*Tant mieux !*
Would you like some more?	*Vous en voulez d'autres ?*
some day	*un jour (à venir)*
some of us	*certains d'entre nous*
Do you feel any better?	*Tu te sens mieux ?*
You can come any time you like.	*Tu peux venir quand tu veux.*
Anybody can see that.	*N'importe qui peut s'en rendre compte.*
I have no idea.	*Je n'en ai aucune idée.*
It is of no interest.	*C'est sans intérêt.*
He's no genius.	*C'est pas une lumière.*
in no time (at all)	*en un rien de temps*
none of them	*aucun d'entre eux*
Any questions?	*Des questions ?*
Anybody home?	*Y a quelqu'un ?*
None of this is true.	*Tout cela est faux.*
That's all I need.	*C'est tout ce qu'il me faut.*
all day / night	*toute la journée / nuit*

That's all!	*C'est tout !*
Evening all!	*Bonsoir tout le monde!*
It's all or nothing!	*C'est tout ou rien !*
All I can say is…	*Tout ce que je peux dire, c'est que…*
All those who came…	*Tous ceux qui sont venus…*
the whole year	*toute l'année*
every kind of people	*toutes sortes de gens*
Every time I go to the cinema…	*Chaque fois que je vais au cinéma…*
Too bad!	*Dommage !*
It was too good to be true.	*C'était trop beau pour être vrai.*
I'm not so sure!	*Je n'en suis pas si sûre.*
a few of us…	*quelques-uns d'entre nous.*
I'll be there in a few minutes.	*J'y serai dans quelques minutes.*
a few minutes later	*quelques minutes plus tard*
I'm a little tired.	*Je suis un peu fatigué.*
little by little	*peu à peu*
It was a bit of a shock!	*Ça nous a fait un choc !*
That's quite a bit of money!	*Ça fait beaucoup d'argent !*
with a bit of luck…	*avec un peu de chance...*
Enough is enough!	*Trop, c'est trop !*
I've had enough!	*J'en ai assez !*

Expressions de négation

*Des phrases brèves, sans verbe la plupart du temps, employées avec une négation (**no, not**). (ex : **Not really** : Pas exactement ; **Not at all** : Pas du tout...)*

Not to worry! *Pas la peine de s'inquiéter !*

It's not true! *Ce n'est pas vrai !*

I'm not so sure! *Je n'en suis pas si sûr !*

It's not worth it. *Ça n'en vaut pas la peine.*

It's not so easy. *Ce n'est pas si facile.*

That's not the point. *Ce n'est pas le problème.*

Not to mention... *Sans parler de...*

No way! *Pas question !*

No problem! *Pas de problème !*

No fear! *Rien à craindre !*

No hurry! *Y a pas l'feu !*

No sweat! *Pas d'inquiétude !*

He's no genius... *C'est pas une lumière...*

It's no easy task. *La tâche est ardue.*

No matter what... *Quoi qu'il en soit...*

No smoking. *Interdiction de fumer.*

No entry. *Défense d'entrer.*

No parking. *Stationnement interdit.*

with no future *sans aucun avenir*

for no reason *sans raison*

I have no idea. *Je n'en ai aucune idée.*

No wonder! *Pas étonnant !*

It's no big deal! *C'est pas grave !*

It was no real surprise. *Ce n'était pas vraiment une surprise.*

It's no use / good. *Ça ne sert à rien.*

Expressions avec *just*

Dans la conversation, ***just*** *est un terme incontournable qui se retrouve dans un grand nombre d'expressions (ex :* ***Just a minute*** *: Une seconde ;* ***It's just not done*** *: Ça ne se fait pas.)*

Don't just stand there! *Ne reste pas planté là !*

It's just about over *C'est presque terminé.*

That's just the way it is. *C'est comme ça.*

Just a minute please.	*Juste une petite minute.*
It just won't work.	*Ça ne marchera pas.*
I just don't care!	*Je m'en fiche pas mal !*
Just a sec'!	*Une seconde !*
It's just not fair!	*Ce n'est vraiment pas juste !*
I just can't believe it!	*Je n'arrive pas à le croire !*
It's just a question of time.	*C'est juste une question de temps.*
They' ve just arrived.	*Ils viennent d'arriver.*
Just in time!	*Juste à temps !*
It's just what I wanted.	*C'est juste ce que je voulais.*
just as she was arriving	*au moment où elle arrivait*
I was just telling myself...	*J'étais justement en train de me dire...*
I saw him just yesterday.	*Je l'ai vu pas plus tard qu'hier.*
She had just enough time.	*Elle a eu juste assez de temps.*
Just asking.	*Je demandais juste comme ça.*
He's just a stupid boy!	*Ce n'est qu'un imbécile !*
Just a question please.	*Juste une petite question.*
They are just jealous	*Ils sont jaloux, c'est tout !*

Les raccourcis

Toutes les expressions ou termes qui sont tronqués à l'oral (ex : ***Congrats*** *(au lieu de* ***Congratulations****) : Félicitations !...;* ***Just a sec'*** *(au lieu de* ***second****): Une seconde !...*

No prob'. *No problem.*

Just a sec' *Une minute !*

in slo-mo *au ralenti*

high-tech products *des produits high-tech*

Congrats! *Félicitations !*

It's got air-con *Il y a la clim.*

'Evening all! *Salut tout le monde !*

'Night! *'Soir !*

'Morning, doc! *Bonjour docteur !*

How you doin'? *Comment ça va ?*

See you! *À plus tard*

How 'bout it? *Pourquoi pas ?*

Sounds good to me *Ça me paraît bien.*

'Kay, let's go! *OK, on y va !*

She's a vet. *Elle est véto.*

a medic — *un étudiant en médecine*

He's a sub teacher. — *Il fait des remplacements.*

Is decaf OK with you? — *Décaféiné, ça te va ?*

He plays ball. — *Il joue au base-ball.*

He's a real pro. — *C'est un vrai pro.*

It's not legit! — *C'est pas réglo.*

It's real cheap. — *C'est vraiment pas cher.*

I like sci-fi. — *J'aime la science-fiction.*

a condo in the mountains — *un chalet à la montagne*

Did you see that, ref? — *Vous avez vu, M. l'arbitre ?*

Expressions avec des pronoms

Il s'agit de pronoms personnels compléments ou réfléchis. Cette rubrique en propose une série en contexte (non exhaustive). Ces expressions sont très fréquentes dans la langue (ex : ***It's not me!*** *: C'est pas moi !)*

It's not me! — *C'est pas moi !*

I can see you! — *Je te vois !*

Dear me! — *Oh mon Dieu !*

See you! — *À bientôt !*

If I were you...	*Si j'étais toi...*
You idiot!	*Espèce d'idiot !*
You never know.	*On ne sait jamais.*
It'll do me good.	*Ça me fera du bien.*
Give it to me.	*Donne-le-moi.*
Did you enjoy yourself?	*Tu t'es bien amusé ?*
Help yourself!	*Servez-vous !*
Make yourself at home!	*Faites comme chez vous !*
He's a do-it yourself.	*C'est un bricoleur.*
Get it yourself!	*Va le chercher toi-même !*
I was by myself.	*J'étais tout seul.*
"Who was there?" **"Just myself."**	*– Qui était présent ?* *– Il n'y avait que moi.*
Tell him yourself!	*Dis-lui toi-même !*
He keeps himself to himself.	*Il ne se livre pas beaucoup.*
"How are you?" **"Fine, and yourself?"**	*– Comment ça va ?* *– Bien, et toi ?*
She's sure of herself.	*Elle est sûre d'elle.*
a friend of mine	*un de mes amis*
What's yours?	*Qu'est-ce que tu prends ?*
I'm all yours.	*Je suis à vous.*
Yours sincerely...	*Cordialement...*
that old car of yours	*cette vieille voiture que tu as*

IV. Verbes irréguliers en contexte

*Abrévations utilisées : **BV** pour la base verbale, **ED** pour la forme du prétérit, **EN** pour le participe passé.*

Verbes invariables

bet : *parier*

He bet I would be late.

Il a parié que je serais en retard.

burst : *éclater (de rire, en sanglots)*

She suddenly burst into tears.

Elle a soudain fondu en larmes.

cost : *coûter*

How much did it cost?

Combien ça a coûté ?

cut : *couper*

He cut himself.

Il s'est coupé.

hit : *frapper*

Don't hit me!

Ne me frappe pas !

hurt : *blesser, vexer*

I'm sorry. I didn't want to hurt you.

Je m'excuse. Je ne voulais pas te vexer.

let : *laisser*

She let him down.

Elle l'a laissé tomber.

put : *mettre*

He put me in a bad mood.

Il m'a mis de mauvaise humeur.

read : *lire*

I read that book a long time ago.

J'ai lu ce livre il y a longtemps.

shut : *fermer*

Did you shut the door?

As-tu fermé la porte ?

Verbes à deux formes

1e BV ; 2e ED identique à EN

lay, laid : *mettre la table*

She laid the table

Elle a mis la table.

pay, paid : *payer*

How much did you pay?

Combien as-tu payé ?

say, said : *dire*

What did you say?

Qu'as-tu dit ?

stand, stood : *être debout, se lever*

They stood up and left.

Ils se sont levés et sont partis.

understand, understood : *comprendre*

Did you understand?

Tu as compris ?

hear, heard : *entendre*

I heard strange noises last night.

J'ai entendu des bruits bizarres hier soir.

deal dealt : *distribuer*

He dealt the cards.

Il a distribué les cartes.

dream, dreamt : *rêver*

He dreamt of becoming a pilot.

Il rêvait de devenir pilote.

learn, learnt : *apprendre*

Did you learn your poetry?

As-tu appris ta poésie ?

mean, meant : *signifier, vouloir dire.*

What do you mean?

Que veux-tu dire ?

feed, fed : *nourrir.*

They fed the horses.

Ils ont nourri les chevaux.

feel, felt : *se sentir*

I didn't feel well.

Je ne me sentais pas bien.

keep, kept : *garder*

She kept the CD I lent her.

Elle a gardé le CD que je lui ai prêté.

meet, met : *rencontrer*

I met the Queen yesterday!

J'ai rencontré la Reine hier !

sleep, slept : *dormir*

I slept like a log.

J'ai dormi comme un loir.

smell, smelt : *sentir*

The flowers smelt very good.

Les fleurs sentaient très bon.

spell, spelt : *épeler*

He spelt his name.

Il a épelé son nom.

sell, sold : *vendre*

I sold them my car.

Je leur ai vendu ma voiture.

tell, told : *dire, raconter*

She told me a story.

Elle m'a raconté une histoire.

lend, lent : *prêter*

I lent her a video.

Je lui ai prêté une cassette vidéo.

send, sent : *envoyer*

They sent us a Xmas card.

Ils nous ont envoyé une carte de Noël.

spend, spent : *dépenser, passer*

She spent a lot yesterday.

Elle a beaucoup dépensé hier.

find, found : *trouver*

Did you find your wallet?

As-tu trouvé ton porte-monnaie ?

hold, held : *tenir*

She held the baby in her arms.

Elle tenait le bébé dans ses bras.

bring, brought : *apporter*

He brought us a surprise.

Il nous a apporté une surprise.

buy, bought : *acheter*

What did you buy?

Qu'as-tu acheté ?

fight, fought : *se battre*

The Indians fought against the Pale Faces.

Les indiens se sont battus contre les visages pâles.

think, thought : *penser*

He thought it was a good idea.

Il pensait que c'était une bonne idée.

catch, caught : *attraper*

The police caught the thieves.

La police a arrêté les voleurs.

teach, taught : *enseigner*

She taught me how to swim.

Elle m'a appris à nager.

build, built : *construire*

This tower was built in 1970.

Cette tour a été construite en 1970.

get, got : *obtenir (+...)*

He got what he deserved.

Il a eu ce qu'il méritait.

leave, left : *partir, quitter*

They left the pub at 11.

Ils ont quitté le pub à 11h.

lose, lost : *perdre*

Who lost the game yesterday?

Qui a perdu le match hier ?

make, made : *faire*

She made a mistake.

Elle a fait une erreur.

shoot, shot : *tirer*

The hunter shot a rabbit.

Le chasseur a tiré un lapin.

sit, sat : *s'asseoir*

We sat down on the floor.

Nous nous sommes assis par terre.

win, won : *gagner*

Who won the game? – We did.

Qui a gagné le match ? – C'est nous.

BV ; ED ; EN identique à BV

come, came, come : *venir*

She came home at 8.

Elle est rentrée à 8h.

become, became, become : *devenir*

He became a doctor.

Il est devenu médecin.

run, ran, run : *courir*

They ran for an hour.

Ils ont couru pendant une heure.

Verbes à trois formes : BV ; ED ; EN

be, was / were, been : *être*

They were at home.

Ils étaient à la maison.

see, saw, seen : *voir*

I saw your car.

J'ai vu ta voiture.

do, did, done : *faire*

He did his exercises with me.

Il a fait ses exercices avec moi.

go, went, gone : *aller*

Where did you go?

Où êtes-vous allés ?

swear, swore, sworn : *jurer*

He swore it was the truth

Il jura que c'était la vérité.

tear, tore, torn : *déchirer*

He tore up the letter.

Il déchira la lettre.

wear, wore, worn : *porter*

The president wore a blue suit.

Le président portait un costume bleu.

blow, blew, blown : *souffler*

The wind blew hard during the night.

Le vent a soufflé fort durant la nuit.

fly, flew, flown : *voler (air)*

She flew to New York.

Elle est allée à New York en avion.

grow, grew, grown : *grandir, faire pousser*

He grew vegetables.

Il fit pousser des légumes.

know, knew, known : *savoir*

He didn't know the answer.

Il ne connaissait pas la réponse.

throw, threw, thrown : *jeter*

The goalie threw the ball.

Le goal a lancé le ballon.

draw, drew, drawn : *dessiner*

She drew us a nice house.

Elle nous a dessiné une jolie maison.

show, showed, shown : *montrer*

They showed us their house.

Ils nous ont montré leur maison.

begin, began, begun : *commencer*

The TV show began at 8:30.

L'émission a commencé à 20 h 30.

drink, drank, drunk : *boire*

He has drunk too much.

Il a trop bu.

ring, rang, rung : *sonner*

The bell rang.

La cloche sonna.

sing, sang, sung : *chanter*

Did she sing at the karaoke?

A-t-elle chanté au karaoké ?

swim, swam, swum : *nager*

I swam 10 lengths yesterday.

J'ai fait 10 longueurs de bassin hier.

beat, beat, beaten : *battre*

France beat Brazil 3-0.

La France a battu le Brésil 3-0.

break, broke, broken : *casser*

He broke his leg last winter.

Il s'est cassé la jambe l'hiver dernier.

choose, chose, chosen : *choisir*

Which dress did you choose?

Quelle robe as-tu choisie ?

drive, drove, driven : *conduire*

Luke drove Peter's car to London.

Luke a conduit la voiture de Peter à Londres.

eat, ate, eaten : *manger*

I ate too much.

J'ai trop mangé.

fall, fell, fallen : *tomber*

I fell from my bike.

Je suis tombé de vélo.

forget, forgot, forgotten : *oublier*

I forgot to ask her name.

J'ai oublié de lui demander son nom.

forbid, forbade, forbidden : *interdire*

He forbade us to smoke.

Il nous a interdit de fumer.

forgive, forgave, forgiven : *pardonner*

She forgave me.

Elle m'a pardonné.

give, gave, given : *donner*

The old lady gave us £10.

La vieille dame nous a donné 10 livres.

freeze, froze, frozen : *geler*

The lake froze very early.

Le lac a gelé très tôt.

hide, hid, hidden : *cacher*

They hid during the night.

Ils se sont cachés pendant la nuit.

ride, rode, ridden : *aller (à cheval, en vélo,)*

He rode his bike to school.

Il est allé à l'école en vélo.

rise, rose, risen : *se lever (soleil)*

The sun rose early.

Le soleil s'est levé tôt.

shake, shook, shaken : *secouer, serrer la main*

They shook hands.

Ils se sont serré la main.

speak, spoke, spoken : *parler*

I don't speak German.

Je ne parle pas allemand.

steal, stole, stolen : *voler, dérober*

He didn't steal that car.

Il n'a pas volé cette voiture.

take, took, taken : *prendre*

She took the bus.

Elle a pris le bus.

wake up, woke, woken : *se réveiller*

He woke up early.

Il s'est réveillé tôt.

write, wrote, written : *écrire.*

They wrote us a card.

Ils nous ont écrit une carte.

Achevé d'imprimer en mai 2009
dans les ateliers de Normandie Roto Impression s.a.s.
61250 Lonrai (Orne)
N° d'impression : 091742
Dépôt légal : mai 2009

Imprimé en France